Pythonista3
パイソニスタ
入門

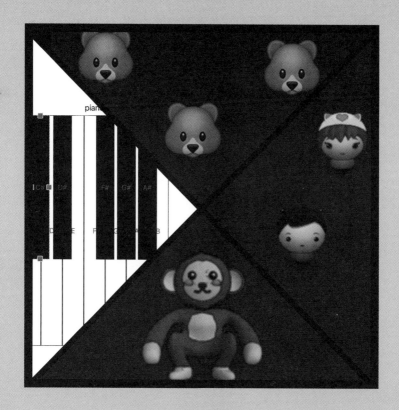

はじめに

　本書は「iOS」や「iPadOS」のスマホアプリ「Pythonista3」（パイソニスタスリー）の入門書です。

　「Pythonista3」はiPhoneやiPad上で動作する「Python」（パイソン）をプログラミングしたり実行したりできる、有料の「IDE」（統合開発環境）です。

　「Pythonista3」は、パソコンをもっていない人がiPhoneやiPadで「Python」をプログラミングしたり、パソコンをもっている人がiPhoneやiPadでプログラミングするためのアプリです。

＊

　本書では「Pythonista3」で5～29行のシンプルなコードをプログラミングします。

　コードを短くしたのは、小さなiPhoneでも手間がかからないように考えたからです。

　ただし、GUIの設計は行数に含んでいません。

＊

　「Pythonista3」には、「キャラクター画像」や「サウンド」などのアセットも、デフォルトでたくさん用意されています。

　本書のスクリプトのほとんどで、デフォルトのアセットを使っています。

　また、「ピアノアプリ」の音も、デフォルトのアセットのピアノ音を使いました。

　もちろん自分で用意したアセットも使えるので、本書の一部でも、自作のキャラクター画像を読み込むサンプルコードも用意しました。

＊

　著者は、有料の開発アプリの中では、この「Pythonista3」がいちばん買ってよかったと思いました。

　みなさんにも、「Pythonista3」を気に入ってもらい、また、本書が面白いアプリを作る手助けになったら幸いです。

大西　武

Pythonista3 入門

CONTENTS

「サンプルファイル」のダウンロード

　本書の「サンプルファイル」は、工学社サイトのサポートコーナーからダウンロードできます。

＜工学社ホームページ＞

https://www.kohgakusha.co.jp/suppor_u.html

ダウンロードしたファイルを解凍するには、下記のパスワードを入力してください。

F8tzkd4G

すべて「半角」で、「大文字」「小文字」を間違えないように入力してください。

第1章

「Python」と
「Pythonista」について

この章では、プログラミング言語「Python」と、Pythonを
プログラミングできるiPhoneやiPad用のスマホアプリ
「Pythonista3」について解説します。

1-1 「Python」について

プログラミング言語「Python」の「バージョン2.7」と「3.6」について簡単に解説します。

■Python

Pythonは、言わずと知れたインタープリタ型の高水準汎用プログラミング言語で、グイド・ヴァン・ロッサム氏によって開発されました。

本格的なプログラミングができる中で、もっともシンプルかつイージーな言語の1つと言えます。

*

PythonはCやC++に似た仕様をしているので、「変数」「関数」「クラス」などを扱うことができ、「オブジェクト指向」のプログラミングもできます。

また、「デスクトップアプリ」も「Webアプリ」も作れるので、Pythonを覚えたら「Windows」や「macOS」や「Linux」などでも、さまざまなジャンルのアプリを同じ文法でコードを書くことができます。

以前まで、Webアプリはプログラミング言語「PHP」で開発して、Windowsアプリは「Visual Studio」で開発して、macOSアプリは「Xcode」で開発しなければなりませんでした。

それが「Python」だけでそれらすべて開発できるようになります。

「Python」は、2022年3月現在「3.10.2」が最新バージョンです。

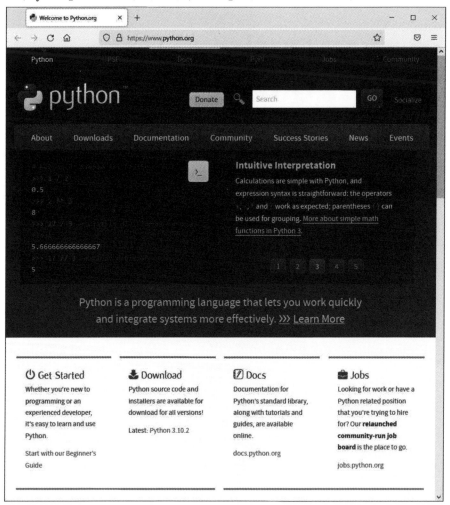

図1-1　Pythonの公式サイト(https://www.python.org)

■「Python2.7」と「Python3.6」

次の節で解説する「Pythonista3」には、「Python2.7」と「Python3.6」が最初から入っており、他のバージョンに変えることはできません。

*

「Python2.7」はかなり古いバージョンなので、もうサポートが終了するでしょうが、古くからあるコードは「Python2.7」のままのものも多いです。

Pythonの公式サイトでは2022年3月現在でもサポートされています。

「Python3.6」も古いバージョンですが、「Python2.7」と同様に2022年3月現在Python3.5以降もサポートされているようです。

「Python3.x系」は、どれも同じメジャーバージョンで互換性が高いので、「3.6」でも気にすることはあまりありません。

基本的な機能は同じことが多いです。

ただし、「Python2.x系」と「Python3.x系」は互換性が低いです。
「Python3.x系」になる際に仕様が大幅に変わり、そのままでは動作しません。

今は「Python3.x系」が主流なので、本書では「Python3.6」で解説します。
すみませんが、Python2.7は対象外です。

「Python」のコードは拡張子が「.py」のファイルを記述します。

■「モジュール」と「パッケージ」

「Python」のもっとも重要な特徴の1つは、「**モジュール**」によって機能を追加しやすい点です。

「モジュール」とは、「Python」のコードである「pyファイル」そのもので、pyファイルから別のpyファイルを「import」で読み込んで、その機能が使えるようになります。

また「**pip**」(Pip Installs Packages、Pip Installs Python) で「パッケージ」をインストールして容易に機能を追加できます。

パッケージとは関連するモジュールをひとまとめにしたものです。

「pip」でパッケージをインストールしたら自動的にモジュールへのパスが通るなど、モジュールが簡単にimportできます。

パッケージはWebサイト「PyPI」で無数に公開されていますが、モジュールはpipを使わなくても自作のモジュールももちろん使えます。
コードをモジュールに分けたら機能ごとにまとめられ、コードの可読性も高まるでしょう。

■Pythonの特徴

Pythonの文法で最大の特徴の1つは、実行文を「インデント」で制御する点です。インデントはpyファイルごとに「半角空白」か「タブ」に統一しなければなりません。

以下の「if文」「def文」(関数)、「class文」(クラス)のようにインデントした文を実行します。
「print文」は文字列を「Console」(コンソール)に表示する関数です。

・if文
もしi変数が"1"なら、i変数を文字列でコンソールに表示します。

```
i = 1
if i == 1:
  print(i)
```

・関数
func関数が呼ばれたら、コンソールに文字列「関数」を表示します。

```
def func():
  print("関数")

func()
```

・クラス
Class1クラスのインスタンスが生成されたら、コンソールに文字列「クラス」を表示します。

```
class Class1():
  def __init__(self):
    print("クラス")

c1 = Class1()
```

1-2　　　　　　　　「Pythonista3」について

　ここでは、「Python」をプログラミングできる有料スマホアプリ「Pythonista3」について簡単に解説します。

■Pythonista3

　「Pythonista3」はiPhoneやiPadで動作する有料スマホアプリで、Pythonをプログラミングできるコードエディタや実行コマンドを備えた「IDE」(統合開発環境)です。

　「Pythonista3」は、1220円の買い切り型で追加課金はありません(2022年3月現在)。

図1-2　Pythonista3の公式サイト(https://omz-software.com/pythonista/)

　「Pythonista3」では、「Python2.7」と「Python3.6」をサポートしています。

アプリがバージョンアップしたらPythonのバージョンも変わるかもしれません。

（まだ公式サイトにはPython3.5対応と書いていますが、ダウンロードページにはPython3.6対応と書いています。）

＊

「Pythonista3」だけでは、スマホアプリは作れません。

「Pythonista3」のアプリ内で動作するスクリプトが作れるだけです。

スマホアプリは作れませんが、さまざまなアプリで「共有」メニューに「アクション」を追加する機能はあります。

「共有」メニューとは「"ファイル"に保存」したりするアクションなどがあるメニューのことです。

そこに「Run Pythonista Script」アクションが追加されます。

「Pythonista3」は「pip」での機能追加ができませんが、「Python標準モジュール」は、パソコン同様にインストールされます。

そのため「PyGame」モジュールなどを追加してゲームは作れませんが、その代わり「scene」モジュールが最初から用意されており2Dゲームなどのグラフィカルなスクリプトも作ることができます。

また「requests」「numpy」「matplotlib」モジュールなどもあります。

つまり「pip」しなくても充分なモジュールが用意されています。

＊

他にも、iPhoneやiPadのネイティブな特色をサポートしています。

iOSやiPadOSのGUIが使え、GUIのパーツなどをデザインする機能もIDEに備わっています。

iPhoneやiPad固有の「センサー」「位置データ」「写真ライブラリ」「コンタクト」「リマインダー」「クリップボード」などにもアクセスできます。

■App StoreでPythonista3の購入

　「Pythonista3」はiPhoneやiPadの「App Store」アプリで「検索」して購入しダウンロードできます。

　ファイルサイズが大きいので「Wi-Fi」が必要です。

　次の図1-3のようにApp Storeアプリの「検索」で「Pythonista」を検索したら「Pythonista3」のページが開くので、購入していいなら値段をタッチしてダウンロードしてください。

図1-3　App StoreアプリでPythonista3を購入

　ブラウザから「Pythonista3」のダウンロードページに行く場合、次のURLにアクセスします。

・Pythonista3のダウンロードページ

https://apps.apple.com/jp/app/pythonista-3/id1085978097

1-3 「Pythonista3」の使い方と「pyファイルの実行」

この節ではpyファイルの実行方法と、空のファイルとゲームファイルとUI
付きファイルの新規作成について解説します。

■Examplesの実行

「Pythonista3」についてくるサンプルを実行します。

手 順

[1] アイコンをタッチして、「Pythonista3」を起動(図1-4)

図1-4 「Pythonista」アプリのアイコン

[2] 左上の三本線のボタンをタッチして、「トップメニュー」を表示(図
1-5)

図1-5 メニューの表示

[3] 「This iPhone」→「Examples」→「Animation」→「Magic Text.py」を開く

[4] 「▷」ボタンをタッチして実行(図5-6)

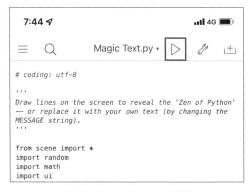

図1-6　Magic Text.pyの実行

[5] 画面をスワイプすると文字がアニメーション表示される。

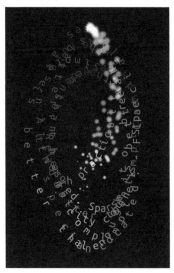

図1-7　Magic Text.pyの実行

[6] 右上の「×」で終了して、コードエディタに戻る

■空のスクリプトを新規作成

Pythonista3で空のスクリプトを新規作成する解説をします。

手　順

[1] Pythonistaアイコンをタッチして「Pythonista3」を起動

[2] 左上の三本線のボタンからメニューを表示し、左下の「＋」ボタンをタッチ（図1-8）

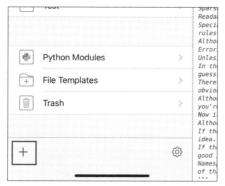

図1-8　新規作成ボタン

[3] 「Empty Script」メニューを選択（図1-9）

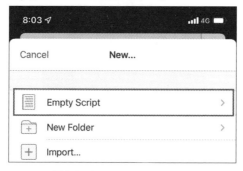

図1-9　Empty Scriptメニュー

[4] フォルダを選び、「printtest」とファイル名を入力し、「Create」ボタンをタッチし空のスクリプトを新規作成する（図1-10）

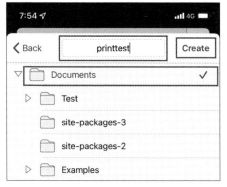

図1-10　空のファイルの新規作成

[5] 次のコードを入力して「▷」ボタンをタッチして実行（図1-11）

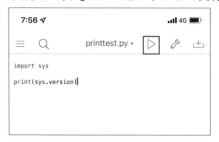

図1-11　コードの入力

リスト1-1　printtest.py

```
import sys

print(sys.version)
```

[6]「Console」（コンソール）にPythonのバージョンが表示される（図1-12）

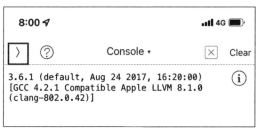

図1-12　Console画面

[7]「〉」ボタンでコードエディタに戻る

次回からは、トップメニューで「This iPhone」→「printtest.py」を開きます。

■「ゲームファイル」を新規作成

「Pythonista3」で、「ゲームファイル」のテンプレートを新規作成します。

手　順

[1] PythonistaアイコンをタッチしてPythonista3を起動

[2] 左上の三本線のボタンをタッチしてトップメニューを表示し、左下の「+」ボタンをタッチ

[3]「SCENE」→「Game / Animation」メニューを選択（図1-13）

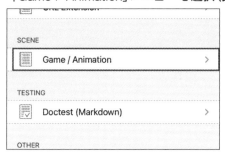

図1-13　ゲーム・アニメーションメニュー

[4] フォルダを選び、「gametest」とファイル名を入力し、「Create」ボタンをタッチしテンプレートのゲームスクリプトを新規作成（図1-14）

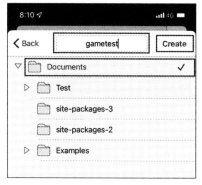

図1-14　ゲームファイルの新規作成

[5] テンプレートコードを確認して「▷」ボタンをタッチして実行（図1-15）

```python
from scene import *
import sound
import random
import math
A = Action

class MyScene (Scene):
  def setup(self):
    pass

  def did_change_size(self):
    pass

  def update(self):
    pass

  def touch_began(self, touch):
    pass

  def touch_moved(self, touch):
    pass

  def touch_ended(self, touch):
    pass

if __name__ == '__main__':
  run(MyScene(), show_fps=False)
```

図1-15　コードの入力

[6] ダークグレーの画面が表示される。

[7] 右上の「×」で終了しコードエディタに戻る

次回からは、トップメニューで「This iPhone」→「gametest.py」を開きます。

■「UI付きのファイル」を新規作成

「Pythonista3」で、UI付きのファイルを新規作成します。

UI（ユーザーインターフェース）とは、グラフィカルにタッチ操作できる画面のことです。

手　順

[1] Pythonistaアイコンをタッチして「Pythonista3」を起動

[2] 左上の三本線のボタンからトップメニューを表示し、左下の「＋」ボタンをタッチ

[3] 「Script with UI」メニューを選択（図1-16）

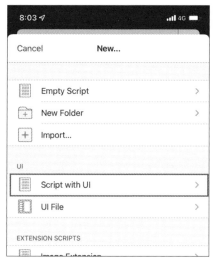

図1-16　Script with UIメニュー

[4] フォルダを選び、「uitest」とファイル名を入力し、「Create」ボタンをタッチしUI付きのスクリプトを新規作成（図1-17）

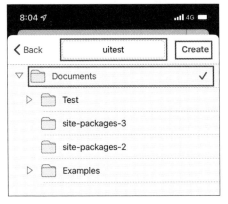

図1-17　UI付きファイルの新規作成

[5]「uitest.pyui」タブをタッチするとUIデザイン画面が出るので、「田」ボタンをタッチ（図1-18）

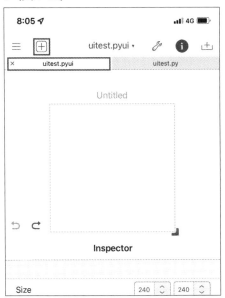

図1-18　uitest.pyui ファイル

[6] UIパーツの一覧が出るので、「Button」パーツをタッチ(図1-19)

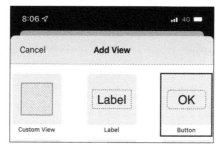

図1-19　UIパーツ一覧

[7] 次の図のようにUIデザイン画面でButtonが追加される(図1-20)

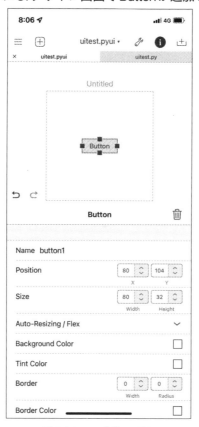

図1-20　UIデザイン画面

[8]「uitest.py」タブをタッチし、「▷」ボタンで実行（図1-21）

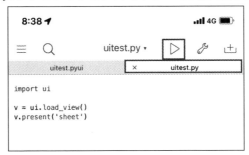

図1-21　uitest.pyタブ

[9] 実行画面が表示される（図1-22）

図1-22　uitest.pyの実行画面

[10] 左上の「×」で終了しコードエディタに戻る

次回からは、トップメニューの「This iPhone」→「uitest.py」を開きます。

■外部ファイルの実行

工学社のサポートページからダウンロードした、サンプルを実行する手順を解説します。

手　順

[1] Pythonistaアイコンをタッチして「Pythonista3」を起動

[2] 左上の三本線のボタンをタッチして、トップメニューを表示

[3] 「Open」メニューを実行したら画面下部にダイアログが現われるので「Folder」をタッチし、ダウンロードしたサンプルのフォルダを選択して「完了」する

[4] Open メニューの下に「PythonistaSamples」フォルダが追加されるので、ここをタッチしていずれかのサンプルの「py ファイル」や「pyui ファイル」を開いて実行

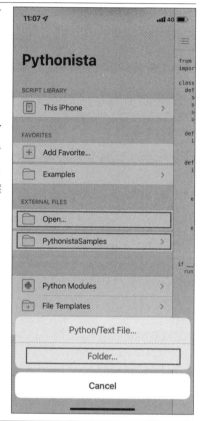

図1-23　PythonistaSamples フォルダを開く

＊

この章では、「Python」が優れたプログラミング言語であり、「Pythonista3」が優れたスマホアプリであることを解説しました。

また「Pythonista」でpyファイルの新規作成や実行方法についても解説しました。

第2章

「10行以下」のミニサンプル

> この章では、10行以下のコードで実行できるミニサンプ
> ル集について解説します。

2-1　　　「URL一覧」からホームページを開く

　「リストダイアログ」にURLを一覧表示して、「Webブラウザ」でリンクする
方法を解説します。

■リストダイアログとブラウザ

　さっそくですが、この章ではPythonのコードを記述、実行して、ある程度
カタチになったスクリプトを作ります。

　「Safari」などのWebブラウザは、言うまでもなくWebページを見るための
機能です。
　当然、インターネットにアクセスするので「設定」アプリから「Pythonista」→
「モバイルデータ通信」→「ON」にするか「Wi-Fi」がつながっていないと使えま
せん。

　「dialogs」モジュールでダイアログを扱い、「webbrowser」モジュールでWeb
ブラウザを扱います。

　リストダイアログは、図2-1のように項目を一覧表示します。
　リストダイアログの「リスト」と「配列」を意味する「リスト」は別のものです。

図2-1　リストダイアログ

■コードの記述

「1-3」の要領で「Empty Script」メニューから「url.py」などのファイル名をつけて空のスクリプトを新規作成しましょう。

その後、サンプルファイルの「url」→「url.py」ファイルのようにコードを入力します。

リストダイアログは「dialogs」モジュールの「list_dialog」関数で項目を一覧で表示します。

戻り値で選んだURLが「result」変数に代入されます。

Webブラウザは「webbrowser」モジュールの「open」関数で第1引数のURLを開きます。

「url.py」を実行するとリストダイアログに7つのWebサイトのURLが一覧表示されるので、次の図のようにいずれかを選んだらWebブラウザでそのURLにアクセスします。

図2-2 Webブラウザ

リスト2-1 url.py

```
import dialogs #①
import webbrowser #②

i=['www.yahoo.co.jp','www.google.co.jp','www.apple.com',
   'vixar.jp','roxiga.com','vexil.jp','cco24.com'] #③
result = dialogs.list_dialog(title='URL',items=i) #④
if result: #⑤
  webbrowser.open('https://'+result) #⑥
```

【コードの解説】

①dialogs モジュールをインポート。

②webbrowser モジュールをインポート。

③7つの Web サイトの URL のリストを「i」変数に代入。

④リストダイアログに i 変数の7つの URL を表示。

⑤リストダイアログのいずれかを選択したか調べる。

⑥もし⑤が成り立つ場合、選択した URL の Web サイトをブラウザで開く。

Column 改行

> 本書では、誌面の1行に入りきらない場合、改行しています。
> ソースコードにある①②③…までが本来の1行なので、実際にはそのぶんのコードも記述する必要があります。

2-2 「地図」の表示

この節では、現在位置を取得して地図を表示する解説をします。

■現在位置と地図

現在位置は「緯度」(latitude)と「経度」(longtitude)の取得で分かります。

「緯度」とは、赤道を「0度」として、南北へそれぞれ「90度」までで表わします。

「経度」とは、ロンドンの旧グリニッジ天文台跡を通る南北の線を「0度」として、東西へそれぞれ「180度」までで表わします。

地図は、「緯度」と「経度」を中心にレンダリング(描画)します。

地図にアクセスするにはインターネットを使うので「設定」アプリから「モバイルデータ通信」を「ON」にするか、「Wi-Fi」をつなげておきます。

「location」モジュールは、地球上の位置の情報を扱います。

現在位置に限らず、好きな緯度と経度の位置の地図を見ることもできます。

■コードの記述

「1-3」の要領で「Empty Script」メニューで「map.py」などのファイル名をつけて空のスクリプトを新規作成し、サンプルファイルの「map」→「map.py」のようにコードを入力します。

このプログラムは「location.is_authorized」関数を使うとき、iPhoneやiPadの「設定」アプリ→「Pythonista」→「位置情報」が許可されていないと使えません。

「location.get_location」関数で緯度と経度などを取得し、「location.render_map_snapshot」関数の引数にそれらを渡せば地図を作成します。「img.show」メソッドを実行しないと地図は表示されません。

「map.py」を実行すると、次の図のように現在位置周辺の地図をConsole(コンソール)に表示します。

図2-3 現在位置の地図

リスト2-2 map.py

```python
import location #①

if location.is_authorized(): #②
  geo = location.get_location() #③
  img = location.render_map_snapshot(
    geo['latitude'],geo['longitude']) #④
  img.show() #⑤
```

【コードの解説】

①「location」モジュールのインポート。

②位置情報のアクセスが許可されているか調べます。

③もし②が成り立つ場合、現在位置を取得。

④現在位置の地図の画像を作成して「img」変数に代入。

⑤img変数の画像を表示。

Column USBメモリ

> 筆者はPython入門書を執筆する際、Windows版とmacOS版で動作確認しなければならないことが多かったのですが、本書を執筆するにあたってはiPhoneで動作確認するだけで助かりました。
>
> ただ、iPhoneのスクリーンショット画像をiPhoneからWindowsにもってくるのに手間取り、そこでUSBとLightningの2つの端子の付いたUSBメモリが役に立ちました。

2-3 写真の保存

写真を一覧表示して、ファイルに保存する解説をします。

■写真ライブラリ

「photos」モジュールで写真ライブラリを扱います。

「photos.get_assets」関数を使う場合は、スクリプトを実行する前に「設定」アプリ→「Pythonista」→「写真」→「すべての写真」を選択しておいてください。

ここでは「photos.pick_asset」関数を使って写真ライブラリから写真一覧を表示して1枚の写真を選ぶようにします。

そうしなくても「photos.get_assets」関数で選んだ写真をすぐに画像表示や画像保存することもできます。

■コードの記述

　「1-3」の要領で「Empty Script」メニューで「pic.py」などのファイル名をつけて空のスクリプトを新規作成して、サンプルファイルの「pic」→「pic.py」のようにコードを入力します。

　「pic」変数には選んだ写真か、キャンセルの場合は「None」が代入されます。

　「pic.get_image」メソッドで選択した写真のデータを取得し、「img.show」メソッドで「Console」に表示し、「img.save」メソッドで引数のファイル名で保存します。

　「pic.py」を実行すると、次の図のように写真ライブラリで選んだ写真が一覧表示されるので、1枚写真を選んでしばらく待てば、それをConsoleに表示して「pic.png」ファイルに保存します。

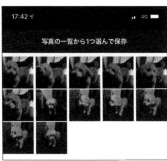

図2-4　写真一覧

リスト2-3　pic.py

```
import photos #①

T='写真の一覧から1つ選んで保存' #②

a = photos.get_assets() #③
pic = photos.pick_asset(assets=a,title=T) #④
if pic: #⑤
  img = pic.get_image() #⑥
  img.show() #⑦
  img.save('pic.png') #⑧
```

【コードの解説】

①「photos」モジュールをインポート。
②写真一覧の画面のタイトル。
③写真ライブラリからアセットを取得して「a」変数に代入。
④a変数の写真を一覧表示しそのうちの1つを選ぶ画面を表示。
⑤選んだ写真があるか調べる。
⑥もし⑤が成り立つ場合、選んだ写真を「img」変数に代入。
⑦コンソールに選んだ写真を表示。
⑧選んだ写真を「pic.png」ファイルに保存。

Column コメントアウト

> ソースコードの「#」以降の文字列は「コメントアウト」と言って、何も処理を行なわない、注意書きなどを書いているだけの文字列です。
> そのため、写す場合は無理にコメントアウト部分を書く必要はありません。

2-4　エディタの「読み上げ

」 コードエディタのソースコードを音声で読み上げたり、停止する方法を解説します。

■エディタと音声読み上げと警告ダイアログ

「editor」モジュールで、「Pythonista3」のコードエディタを扱えます。
「speech」モジュールで、iPhoneやiPadの声の再生を扱えます。
「console」モジュールで、コンソールの警告ダイアログを扱えます。

コードエディタのソースコードを読み上げるだけでなく、どんな文字列でも「speech.say」関数で音声を読み上げることはできます。

■コードの記述

「1-3」の要領で「Empty Script」メニューで「speech.py」などのファイル名をつけて空のスクリプトを新規作成し、サンプルファイルの「speech」→「speech.py」のようにコードを入力します。

「editor.get_text」関数でソースコードのテキストを取得します。

「speech.say」関数で、テキストを音声で読み上げ、「speech.stop」で、読み上げを停止します。

「speech.py」を実行すると、ソースコードが合成された声で読み上げられます(図2-5)。

警告文の「はい」を押すと、読み上げをストップします。

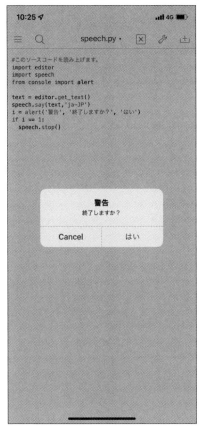

図2-5　ソースコードの読み上げ

・speech.py

```
import editor #①
import speech #②
from console import alert #③

text = editor.get_text() #④
speech.say(text,'ja-JP') #⑤
i = alert('警告', '終了しますか？', 'はい') #⑥
if i == 1: #⑦
  speech.stop() #⑧
```

【コードの解説】

①「editor」モジュールのインポート。

②「speech」モジュールのインポート。

③「console」モジュールのalert関数のインポート。

④コードエディタに書かれたソースコードの文字列(つまり①～⑧のコード) を取得して「text」変数に代入。

⑤「text」変数を日本語で読み上げる。

⑥テキストの読み上げを終了するか警告文を表示。

⑦警告ダイアログで「はい」がタッチされたか調べる。

⑧もし⑦が成り立つ場合、テキスト読み上げを停止。

＊

　この章では計5～8行のとてもシンプルなミニサンプル4つをPythonista3で作りました。

　Pythonista3でどんなことができるか、なんとなく分かったと思います。

第3章

「ゲーム状態」の切り替え

> この章では、画面をタッチするたびに、サウンドとともに、
> 「タイトル画面」→「プレイ画面」→「ゲームオーバー画面」→「タ
> イトル画面」…と、ゲームの状態を切り替える状態を作ります。

3-1 「テンプレート」の作成

まずは、ゲームスクリプトを新規作成し、テンプレートを作成する方法を解
説します。

■Sceneクラス

「scene」モジュールはパソコン版「Python」の「PyGame」モジュールの代わり
に近い働きをします。

ただし「PyGame」モジュールとは使い方がまったく異なります。

「scene」モジュールの「Scene」クラスから派生した「シーン」クラスを作って、
ゲームやアニメーションなどを扱います。

「run」関数で第1引数に実行する「クラス」(ここでは「MyScene」クラス)のイ
ンスタンスを渡し、「show_fps」引数に「FPS」を表示するか渡します。

■コードの記述

まずは「1-3」の要領で「Game / Animation」メニューで「title.py」などのファ
イル名をつけてゲームスクリプトを新規作成します。

サンプルファイルの「title」→「title1.py」のように、コードを入力します。
テンプレートから、「import random」「import math」「A = Action」と、「did_

change_size」メソッド、「touch_began」メソッド、「touch_moved」メソッドは
削除します。

　クラスの初期化はSceneクラスでは「__init__」メソッドではなく「setup」メ
ソッドを使います。
　毎フレーム「update」メソッドが呼ばれ、画面のタッチを離したときに「touch_
ended」メソッドが呼ばれます。

　「title1.py」を実行すると、ダークグレーだけの画面が現われます。

リスト3-1　title1.py

```
from scene import * #①
import sound #②

class MyScene (Scene): #③
  def setup(self): #④
    pass #⑤

  def update(self): #⑥
    pass #⑦

  def touch_ended(self, touch): #⑧
    pass #⑨

if __name__ == '__main__': #⑩
  run(MyScene(), show_fps=False) #⑪
```

【コードの解説】

①「scene」モジュールをインポート。
②「sound」モジュールをインポート。
③「Scene」クラスから派生した「MyScene」クラスの宣言。
④「MyScene」クラスのセットアップメソッド。
⑤何もせずに次に進む。
⑥「MyScene」クラスの更新メソッド。
⑦何もせずに次に進む。
⑧「MyScene」クラスの画面タッチ終了時のメソッド。

⑨何もせずに次に進む。

⑩この「title1.py」ファイルがメインファイルであるか調べる。

⑪もし⑩が成り立つ場合は、「MyScene」クラスのインスタンスを生成して実行。

　プログラムの実行順は、

①→②→⑩→⑪→③→④→⑤→⑥→⑦→(⑧→⑨)→⑥→⑦→(⑧→⑨)…

と、なります。

　②の後に③を飛ばして⑩に進んでいますが、③はクラスの宣言をしているだけで、インスタンスを生成するまで呼ばれません。

Column FPS

　「FPS」とは、「Frames Per Second」の頭文字をとった略語で、意味通り「1秒ごとのフレーム数」を表わします。

　つまり、「30fps」なら、1秒間に30回、「update」メソッドが呼ばれて処理をします。

　TVや映画のように、1秒間に何度も絵を入れ替えて人などが動いているように見せるのと同じ原理です。

3-2 「タイトル」の表示

「ラベル」で「タイトル画面の文字列」を表示する方法を解説します。

■ラベル

「LabelNode」クラスを使って、「ラベル」を作ることができます。
「ラベル」とは、シーンで文字を表示するクラスです。

「LabelNode」クラスの第1引数が「ラベルの文字列」で、第2引数が「フォントの名前」と「サイズ」のタプルです。

「ラベル」のインスタンスの「position」プロパティにラベルの中心点の位置をセットします。

シーンの「add_child」メソッドで第1引数にラベルを渡し、シーンに追加します。

■コードの記述

前節に続けて、「title.py」ファイルに、サンプルファイルの「title」→「title2.py」のようにコードを追記します。

ゲーム開始時である初期化の「setup」メソッドにおいてタイトル画面のラベルを作成して、中央に配置しシーンに追加します。

現在のゲームの状態を「self.state」で管理します。
この節では「タイトル画面」である「title」をセットするだけです。

「title2.py」を実行すると、「GAME TITLE」という画面が表示されます(図3-1)。

図3-1　タイトルの表示

リスト3-2　title2.py

```
from scene import *
import sound

class MyScene (Scene):
  def setup(self):
    self.label = LabelNode('GAME TITLE',('Futura',50)) #①
    self.label.position = self.size/2 #②
    self.add_child(self.label) #③
    self.state = 'title' #④

  def update(self):
    pass

  def touch_ended(self, touch):
    pass

if __name__ == '__main__':
  run(MyScene(), show_fps=False)
```

【コードの解説】

①「GAME TITLE」という文字のラベルのインスタンスを生成して「self.label」プロパティに代入。

②ラベルの中心位置を画面サイズの「幅」と「高さ」半分ずつの中央に。

③ラベルをシーンに追加。

④現在の状態を「title」にセット。

3-3 「画面タッチ」で「ゲーム状態」を変更

この節では、iPhoneやiPadの「画面タッチ」でゲーム状態を変更する操作を解説します。

■ゲーム状態

「ゲーム状態」である「self.state」に、「title」か「playing」か「over」の文字列を代入して入れ替えます。

「ゲーム状態」は、「タッチしたとき」ではなく「タッチした状態から離れたとき」に変更します。

「ゲーム状態」は、文字通り「title」がタイトル画面で、「playing」がメインのプレイ中で、「over」がゲームオーバー画面です。

*

さらに、ゲームの状態が変わるときに「sound」モジュールの「play_effect」関数でサウンドを再生するようにします。

図3-2のように、「+」アイコンから「Pythonista3」に最初から用意されているサウンドの内蔵アセットを取得します。

図3-2　サウンドの内蔵アセットの追加

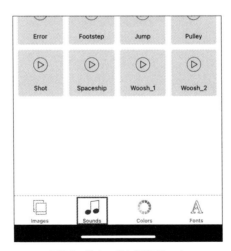

図3-3　サウンドの内蔵アセット

■コードの記述

前節に続けて、「title.py」ファイルに、サンプルファイルの「title」→「title3.py」のようにコードを追記します。

「update」メソッドでゲーム状態が「playing」、つまりメインのゲーム中のときにメインのゲームの処理を書きます。

*

ここでは、ゲーム状態の文字を表示するだけで、まだゲーム自体はありません。

「title3.py」を実行すると、画面をタッチするごとに「GAME TITLE」→「PLAYING」→「GAME OVER」→「GAMER TITLE」…と、ゲーム状態の変化に合わせてラベルの文字列が変わります。

図3-4　ゲーム状態の変更

リスト3-3　title3.py

```
from scene import *
import sound

class MyScene (Scene):
  def setup(self):
    self.label = LabelNode('GAME TITLE',('Futura',50))
    self.label.position = self.size/2
    self.add_child(self.label)
    self.state = 'title'

  def update(self):
    if self.state == 'playing': #①
      pass #インデント

  def touch_ended(self, touch):
    if self.state == 'title': #②
```

```
        self.state = 'playing' #③
        self.label.text = 'PLAYING' #④
        sound.play_effect('game:Beep') #⑤
    elif self.state == 'playing': #⑥
        self.state = 'over' #⑦
        self.label.text = 'GAME OVER' #⑧
        sound.play_effect('game:Clank') #⑨
    else: #⑩
        self.state = 'title' #⑪
        self.label.text = 'GAME TITLE' #⑫
        sound.play_effect('game:Click_1') #⑬

if __name__ == '__main__':
    run(MyScene(), show_fps=False)
```

【コードの解説】

①毎フレームゲーム状態が「PLAYING」か調べる。

②画面タッチが離れたら、ゲーム状態が「title」か調べる。

③もし②が成り立つ場合、ゲーム状態を「playing」にする。

④ラベルの文字を「PLAYING」にセット。

⑤サウンドを再生。

⑥もし②が成り立たない場合、ゲーム状態が「playing」か調べる。

⑦もし⑥が成り立つ場合、ゲーム状態を「over」にする。

⑧ラベルの文字を「GAME OVER」にセット。

⑨サウンドを再生。

⑩もし⑥が成り立たない場合、

⑪ゲーム状態を「title」にする。

⑫ラベルの文字を「GAME TITLE」にセット。

⑬サウンドを再生。

＊

この章では、計26行だけでゲーム状態を遷移するコードを書きました。

ゲームを作る際は、こういう感じでゲーム状態を変更するといいと思います。

また、文字列ではなく画像を表示してもいいでしょう。

「画像の表示」は、次の章以降で解説します。

第4章

タッチゲーム

この章では、「キャラがランダムに移動して、タッチする
ごとにどんどん小さくなるゲーム」の作り方を解説します。

4-1　　　「テンプレート」の作成

まずは、キャラをタッチするゲームの「テンプレート」を作ります。

■キャラクタータッチゲーム

「猿の画像をタッチすると、ランダムな位置に移動するゲーム」を作ります。
キャラクターはタッチするごとに小さくなるので、正確にタッチしなければ
なりません。

10回連続でタッチに成功すれば「ゲームクリア」になります。
タッチに失敗すると猿は最初の大きさに戻り、0回タッチした状態に戻ります。

ここでは、テンプレートを用意するだけで、ゲーム部分はまだ作りません。

■コードの記述

「Game / Animation」メニューで「touch.py」などのファイル名をつけてゲー
ムスクリプトを新規作成し、サンプルファイルの「touch」→「touch1.py」ファ
イルのように、コードを入力します。

テンプレートから「import sound」「import math」「A = Action」や、「did_
change_size」メソッド、「touch_moved」メソッド、「touch_ended」メソッドは
削除します。

「touch_began」メソッドは、画面がタッチされた瞬間に呼ばれます。
「touch1.py」を実行すると、最初はダークグレーの背景の画面だけが表示されます。

リスト4-1　touch1.py

```
from scene import * #①
import random #②

class MyScene (Scene): #③

  def setup(self): #④
    pass #⑤

  def touch_began(self, touch): #⑥
    pass #⑦

if __name__ == '__main__': #⑧
  run(MyScene(), show_fps=False) #⑨
```

【コードの解説】

①「scene」モジュールをインポート。
②乱数の「random」モジュールをインポート。
③「Scene」クラスから派生した「MyScene」クラスの宣言。
④「MyScene」クラスのセットアップメソッド。
⑤何もせずに次に進む。
⑥「MyScene」クラスの画面タッチ開始時のメソッド。
⑦何もせずに次に進む。
⑧この「touch1.py」ファイルがメインファイルであるか調べる。
⑨もし⑧が成り立つ場合、「MyScene」クラスのインスタンスを生成して実行。

Column pass文

何も処理をしない「pass」文を書く理由は、関数やメソッド内には必ず何らかのコードがないといけないので、何もしない場合でも、形だけの「pass」文を書く必要があるためです。

4-2 「スプライト」の表示

ここでは、「スプライト」を表示する方法を解説します。

■スプライト

「スプライト」には、2D画像を表示する機能の「SpriteNode」クラスを使います。

「2D画像」には「Pythonista3」に最初から用意されたアセットでも、外部画像ファイルでも使えます。

この節では、スプライトに外部画像の「IMG_0184.PNG」を読み込むので、まずは「IMG_0184.PNG」を「pyファイル」と同じフォルダに置きます。

「position」プロパティは、「スプライト」の中心位置を示します。

スプライトのサイズの範囲に合わせて「intersects」メソッドの第1引数の矩形との当たり判定が検出できます。

「intersect」とは「交差する」という意味です。

■コードの記述

前節に続けて、「touch.py」ファイルに、サンプルファイルの「touch」→「touch2.py」ファイルのようにコードを追記します。

*

シーンを初期化する「setup」メソッドでスプライト画像を読み込み、配置します。

「Rect」クラスは「矩形」(Rectangle)を表わします。
引数は(X座標,Y座標,幅,高さ)です。

「touch2.py」を実行すると、**図4-1**のように猿の画像が表示されます。

画面をタッチするごとに「当たり判定」を調べて、猿にヒットしていたら、ラ

ンダムな位置にスプライトを再配置します。

図4-1　外部画像ファイルの猿の表示

リスト4-2　touch2.py

```
from scene import *
import random

class MyScene (Scene):

  def setup(self):
    self.sprite = SpriteNode('IMG_0184.PNG') #①
    self.sprite.position = self.size/2 #②
    self.add_child(self.sprite) #③

  def touch_began(self, touch):
    loc = touch.location #④
    hitbox = Rect(loc.x-10,loc.y-10,20,20) #⑤
    if self.sprite.frame.intersects(hitbox): #⑥
      x = random.randint(50,self.size.w-50) #⑦
      y = random.randint(50,self.size.h-50) #⑧
      self.sprite.position = (x,y) #⑨

if __name__ == '__main__':
  run(MyScene(), show_fps=False)
```

【コードの解説】

①スプライトとして外部画像を読み込む。

②スプライトの中心位置を画面サイズの幅高さ半分の中央に。

③スプライトをシーンに追加。

④画面をタッチした位置を「loc」変数に取得。

⑤当たり判定の矩形を、loc座標を中心に-10～10の範囲に。

⑥スプライトがタッチした矩形(⑤)に当たっているか調べる。

⑦もし⑥が成り立つ場合、画面の幅より左右50の余白を空けたランダムな位置を「x」変数に代入。

⑧画面の高さより上下50の余白を空けたランダムな位置を「y」変数に代入。

⑨スプライトを (X,Y)=(x,y) の位置に配置。

4-3 「タッチゲーム」の完成

「タッチするごとに小さくなる」「10回タッチするとクリア画面を出す」を追加して、ゲームを完成させます。

■タッチゲームのゲーム性

前節では、「猿の画像をタッチすると猿が移動する」という、ゲームらしきものは作りました。

さらにゲーム性を高めるために、猿のスプライトがタッチするごとに小さくなっていき、徐々に難しくなるようにします。

スプライトが消えたら「CLEAR」を表示して、さらにゲームらしくします。

逆に、スプライトの画面タッチの当たり判定がヒットしなかった場合、猿を元の大きさに戻して最初から再スタートです。

もし改造する場合、クリアまでのタイムを競えばさらにゲーム性が高まるでしょう。

■コードの記述

前節に続けて「touch.py」ファイルに、サンプルファイルの「touch」→「touch3.py」ファイルのようにコードを追記します。

ゲームクリアの「CLEAR」ラベルは用意だけして、ゲームクリアまで表示しません。
猿が消えるまで小さくなったら「add_child」メソッドでシーンにラベルを追加して表示します。

スプライトのタッチに成功すると、スケール(「scale」プロパティ)を"0.1"ずつ、小さくします。
スケールは、"1"が拡大も縮小もしない原寸大の大きさです。

「touch3.py」を実行すると、完成したタッチゲームができます。
猿をタッチし続けて、スケールが"0.1"より小さくなるとゲームクリアです。
猿のタッチに失敗したら、最初からやり直しです。

図4-2　ゲームクリア画面

リスト4-3　touch3.py

```python
from scene import *
import random

class MyScene (Scene):

  def setup(self):
    self.sprite = SpriteNode('IMG_0184.PNG')
    self.sprite.position = self.size/2
```

↴

```
        self.add_child(self.sprite)
        self.label = LabelNode('CLEAR',('Futura',80)) #①
        self.label.position = self.size/2 #②

    def touch_began(self, touch):
      loc = touch.location
      hitbox = Rect(loc.x-10,loc.y-10,20,20)
      if self.sprite.frame.intersects(hitbox):
        x = random.randint(50,self.size.w-50)
        y = random.randint(50,self.size.h-50)
        self.sprite.position = (x,y)
        self.sprite.scale -= 0.1 #③
        if self.sprite.scale < 0.1: #④
          self.add_child(self.label) #⑤
      elif self.sprite.scale >= 0.1: #⑥
        self.sprite.scale = 1 #⑦

if __name__ == '__main__':
  run(MyScene(), show_fps=False)
```

【コードの解説】
___

①ゲームクリアの「CLEAR」の文字列をラベルに用意。

②ラベルの位置を画面中央に。

③猿画像のスプライトをタッチしたらスケールが「0.1」だけ小さくなる。

④スプライトが0.1より小さくなったか調べる。

⑤もし④が成り立つ場合、ラベルを表示。

⑥スプライトをタッチできなかった場合は、スプライトのスケールが「0.1」
　以上か調べる。

⑦もし⑥が成り立つ場合は、スプライトのスケールを最初のサイズにする。
___

*

　この章では、猿の画像をタッチすると、ランダムな位置に再配置され、小さくなっていくゲームを作りました。

　第3章と組み合わせて、タイトル画面やゲームオーバー画面も作るといいでしょう。

鬼ごっこゲーム

この章では、スマホを傾けて追いかけっこする「鬼ごっこゲーム」の作り方について解説します。

5-1 「テンプレート」の作成

「鬼ごっこゲーム」のテンプレートを作る方法を解説します。

■鬼ごっこゲーム

この章では、自分が男の子の鬼になって、女の子の相手を捕まえる「鬼ごっこゲーム」を作ります。

自分を操作するには、スマホを傾けて移動します。
相手を捕まえたら「You Win!」という音声が鳴って、ゲームを最初から再スタートします。

■コードの記述

「Game / Animation」メニューで「tag.py」などのファイル名をつけてゲームスクリプトを新規作成し、サンプルファイルの「tag」→「tag1.py」ファイルのようにコードを入力します。

テンプレートから「A = Action」や「did_change_size」メソッド、「touch_began」メソッド、「touch_moved」メソッド、「touch_ended」メソッドは削除します。

乱数のモジュールは「import random」ではなく「from random import *」と書き換えてください。

「tag1.py」を実行すると、ダークグレーの背景色の画面だけが表示されます。

リスト5-1 tag1.py

```
from scene import * #①
import sound #②
from random import * #③
import math #④

class MyScene (Scene): #⑤

  def setup(self): #⑥
    pass #⑦

  def update(self): #⑧
    pass #⑨

if __name__ == '__main__': #⑩
  run(MyScene(), show_fps=False) #⑪
```

【コードの解説】

①「scene」モジュールをインポート。

②サウンドの「sound」モジュールをインポート。

③乱数の「random」モジュールをインポート。

④数学の「math」モジュールをインポート。

⑤「Scene」クラスから派生した「MyScene」クラスの宣言。

⑥「MyScene」クラスのセットアップメソッド。

⑦何もせずに次に進む。

⑧「MyScene」クラスの更新のメソッド。

⑨何もせずに次に進む。

⑩この「tag1.py」ファイルがメインファイルであるか調べる。

⑪もし⑩が成り立つ場合は、「MyScene」クラスのインスタンスを生成して実行。

5-2 「スプライト」の表示

この節では「スプライト」を表示する方法を解説をします。

■「スプライト」の表示

「スプライト」は、「SpriteNode」クラスで2D画像を読み込みます。

「SpriteNode」クラスでは「plc:Character_Boy」など「plc:」が付いているファイル名は最初から用意された内蔵アセットを読み込みます。

「SpriteNode」クラスの第1引数にカーソルを合わせ、エディタで「+」をクリックしてPythonista3内蔵アセットを呼び出します（図5-1）。

```
from scene import *
import sound
import math

class MyScene (Scene):

    def setup(self):
        self.player = SpriteNode()
        self.add_child(self.player)
        self.enemy = SpriteNode('plc:Character_Cat_Girl')
        self.add_child(self.enemy)
        self.init()

    def update(self):
        self.player.position += gravity()

    def init(self):
        self.player.position = self.size/4
        self.enemy.position = self.size/2

if __name__ == '__main__':
    run(MyScene(), show_fps=False)
```

図5-1 内蔵アセットの呼び出し

続いて、**図5-2**のように「Images」タブで「Planet Cute」をリストビューから選び「Character_Boy」を追加します。

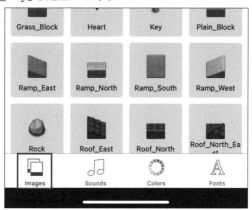

Grass_Block　　Heart　　Key　　Plain_Block

Ramp_East　　Ramp_North　　Ramp_South　　Ramp_West

Rock　　Roof_East　　Roof_North　　Roof_North_East

Images　　Sounds　　Colors　　Fonts

図5-2　内蔵アセットの追加

■コードの記述

前節に続けて、「tag.py」ファイルに、サンプルファイルの「tag」→「tag2.py」ファイルのようにコードを追記します。

「init」メソッドを作り、男の子と女の子のキャラの初期位置をセットします。

「setup」メソッドの中で、「init」メソッドを呼び出します。

「update」メソッドは、デフォルトでは1秒間に60フレーム呼び出されます。

毎フレーム、プレイヤーを「gravity」関数で傾きに応じた(X,Y)の値だけ移動します。
「gravity」とは、「重力」という意味です。

「tag2.py」を実行すると、**図5-3**のようにiPhoneやiPadを傾けた方向に男の子のキャラクターが進みます。

図5-3 男の子と女の子のキャラを表示

リスト5-2 tag2.py

```
from scene import *
import sound
from random import *
import math

class MyScene (Scene):

  def setup(self):
    self.player = SpriteNode('plc:Character_Boy') #①
    self.add_child(self.player) #②
    self.enemy = SpriteNode('plc:Character_Cat_Girl') #③
    self.add_child(self.enemy) #④
    self.init() #⑤

  def update(self):
    self.player.position += gravity() #⑥

  def init(self): #⑦
    self.player.position = self.size/4 #⑧
    self.enemy.position = self.size/2 #⑨

if __name__ == '__main__':
  run(MyScene(), show_fps=False)
```

【コードの解説】

①プレイヤーの鬼の男の子のキャラを読み込む。

②プレイヤーをシーンに追加。

③相手の女の子のキャラを読み込む。

④相手をシーンに追加。

⑤「self.init」メソッド(⑦)を呼び出す。

⑥毎フレーム、プレイヤーをiPhoneの傾きに合わせて移動する。

⑦初期化メソッド。

⑧プレイヤーの位置を画面サイズの幅高さ1/4の位置に。「position」プロパティは1番左下が(0,0)の位置になる。

⑨相手の位置を画面のサイズの幅高さ半分の中央の位置に。

5-3 キャラ同士の「当たり判定」

この節では、「鬼ごっこゲーム」で鬼が相手をタッチする当たり判定の解説をします。

■女の子の移動

「女の子の移動」は、進行方向の角度(「angle」変数)に1/3の距離だけ進みます。「女の子の進行方向の角度」は、ランダムにプラスマイナスします。

角度の向きに進めるためには、X座標は「math」モジュールの「cos」関数の第1引数にラジアン角度を、Y座標はmathモジュールの「sin」関数の第1引数にラジアン角度を渡すことで、ベクトル(X,Y)が取得できます。

sin関数とcos関数で(X,Y)の値が求まり、そのベクトルの長さは"1"なので、(X,Y)に、たとえば"5"を乗算したら(X,Y)の移動量は「長さ5」になります。

■コードの記述

前節に続けて「tag.py」ファイルに、サンプルファイルの「tag」→「tag3.py」ファイルのようにコードを追記します。

音声の再生には「sound」モジュールの「play_effect」メソッドを使います。

　第1引数にカーソルを合わせエディタの「+」を押して「Sounds」→「Voiceover」→「female_you_win」アセットを追加します(図5-4)。

　「voice:」で始まるアセット名が内蔵アセットの音声です。

図5-4　サウンドのアセット

＊

　男の子が女の子にタッチしたら、2人を初期位置にリセットして、ゲームを再スタートします。

　「tag3.py」を実行すると、サンプルゲームが起動します。
　iPhone本体を傾けると男の子を移動し、女の子にタッチしたら「You Win!」という音声を再生して、ゲームを最初から再開します。

図5-5　鬼ごっこ

リスト5-3　tag3.py

```python
from scene import *
import sound
from random import *
import math

class MyScene (Scene):
  angle = 0 #①

  def setup(self):
    self.player = SpriteNode('plc:Character_Boy')
    self.add_child(self.player)
    self.enemy = SpriteNode('plc:Character_Cat_Girl')
    self.add_child(self.enemy)
    self.init()

  def update(self):
    self.player.position += gravity()
    self.angle += 16*random() - 8 #②
    radian = math.radians(self.angle) #③
    x = math.cos(radian)/3 #④
    y = math.sin(radian)/3 #⑤
    self.enemy.position += (x,y) #⑥
    pos = self.player.position #⑦
    rect = Rect(pos.x,pos.y,1,1) #⑧
    if self.enemy.frame.intersects(rect): #⑨
      sound.play_effect('voice:female_you_win') #⑩
      self.init() #⑪

  def init(self):
    self.player.position = self.size/4
    self.enemy.position = self.size/2

if __name__ == '__main__':
  run(MyScene(), show_fps=False)
```

【コードの解説】

①女の子の進む向きの「angle」変数。

②「angle」変数に「-8〜8未満」のランダムな値を加算。

③「angle」変数の角度を「度」から「ラジアン」に変換して、「radian」変数に代入。

④進む向きのX加算量を「x」変数に代入。

⑤進む向きのY加算量を「y」変数に代入。

⑥女の子のキャラの位置を(x,y)だけ加算。

⑦男の子の位置を「pos」変数に代入。

⑧男の子の位置を矩形「Rect」クラスのインスタンスを生成して「rect」変数に代入。

⑨男の子と女の子が接触しているか調べる。

⑩もし⑨が成り立つ場合、「You Win!」という音声を再生。

⑪男の子と女の子の位置を初期化する「self.init」メソッドを呼び出す。

＊

　この章では鬼の男の子が相手の女の子をタッチするだけの鬼ごっこゲームを作りました。

　改造するなら、たとえば逃げるキャラを複数にしたり、鬼がタッチするまでの時間をタイムトライアルしたり、第3章のようにタイトル画面などを作ってもいいでしょう。

第**6**章

お絵描きツール

この章では、スマホの画面に指でライン（線）を描く「お絵描きツール」の作り方を解説します。

6-1 「テンプレート」の作成

まずは、「お絵描きツール」の「テンプレート」を用意します。

■お絵描きツール

iPhone画面を指で触れることで白い線画が描ける「お絵描きツール」を作ります。最初はテンプレートだけのコードを書きます。

「Game / Animation」メニューなのに、ゲームでもアニメーションでもないですが、お絵描きツールを作るのには、「scene」モジュールを使うのがいちばん簡単なので、これを使いました。

■コードの記述

「Game / Animation」メニューから「drawing.py」などのファイル名をつけてゲームスクリプトを新規作成します。
サンプルファイルの「drawing」→「drawing1.py」ファイルのように、コードを入力します。

テンプレートから「import sound」「import random」「import math」や、「A = Action」、「setup」メソッド、「did_change_size」メソッド、「update」メソッドは削除します。

「draw」メソッドは「Game / Animation」メニューのテンプレートにはありま

せんが、「Scene」クラスで描画が行なわれるときに呼ばれます。

「drawing1.py」を実行すると、ダークグレーの背景色の画面だけが表示されます。

リスト6-1　drawing1.py

```python
from scene import * #①

class MyScene (Scene): #②

  def draw(self): #③
    pass #④

  def touch_began(self, touch): #⑤
    pass #⑥

  def touch_moved(self, touch): #⑦
    pass #⑧

  def touch_ended(self, touch): #⑨
    pass #⑩

if __name__ == '__main__': #⑪
  run(MyScene(), show_fps=False) #⑫
```

【コードの解説】

①scene モジュールをインポート。

②「Scene」クラスから派生した「MyScene」クラスの宣言。

③「MyScene」クラスの描画メソッド。

④何もせずに次に進む。

⑤「MyScene」クラスの画面タッチが開始したメソッド。

⑥何もせずに次に進む。

⑦「MyScene」クラスの画面タッチが移動したメソッド。

⑧何もせずに次に進む。

⑨「MyScene」クラスの画面タッチが終了したメソッド。

⑩何もせずに次に進む。

⑪この「drawing1.py」ファイルがメインファイルであるか調べる。

⑫もし⑪が成り立つ場合、「MyScene」クラスのインスタンスを生成して
　実行。

6-2 | 「1本の線」を描く

iPhone画面に最初に引いたライン（線）を1本だけ描画します。

■線の描画

シーンに絵を描くには、「直線」を引きます。

「scene」モジュールの「line」関数を使えば、引数（開始X座標, 開始Y座標, 終了X座標, 終了Y座標）にラインが描けます。

「scene」モジュールの「stroke_weight」関数でラインの太さをセットします。

「scene」モジュールの「stroke」関数の引数（赤, 緑, 青, 不透明度）でラインの色をセットします。
ここでは、（Red,Green,Blue,Alpha）=（1,1,1,1）の真っ白をセットします。

■コードの記述

前節に続けて「drawing.py」ファイルに、サンプルファイルの「drawing」→「drawing2.py」のようにコードを追記します。

「touch_began」メソッドで画面をタッチしたときにラインの開始座標(X,Y)を「pos」配列の最後に追加し、「touch_ended」メソッドで、画面のタッチを離したときにラインの終了座標(X,Y)を「pos2」配列の最後に追加します。

まだ最初に描いた1本目の直線を「draw」メソッドで描くだけで、画面をスワイプしなければ何も描きません。

*

「drawing2.py」を実行すると、図6-1のようにiPhoneの画面をスワイプしたときにタッチからリリースまでの「最初の1本」だけ、ラインを描画します。

図6-1　1本だけラインを描く

リスト6-1　drawing2.py

```
from scene import *

class MyScene (Scene):
  pos = [] #①
  pos2 = [] #②

  def draw(self):
    stroke_weight(3) #③
    stroke(1, 1, 1, 1) #④
    p = 0 #⑤
    if p >= len(self.pos2): return #⑥
    p1 = self.pos[p] #⑦
    p2 = self.pos2[p] #⑧
    line(p1.x,p1.y,p2.x,p2.y) #⑨

  def touch_began(self, touch):
    self.pos.append(touch.location) #⑩

  def touch_moved(self, touch):
    pass

  def touch_ended(self, touch):
    self.pos2.append(touch.location) #⑪

if __name__ == '__main__':
  run(MyScene(), show_fps=False)
```

【コードの解説】

①ラインの開始地点に空(から)の「pos」配列を宣言。

②ラインの終了地点に空(から)の「pos2」配列を宣言。

③ラインの太さを3にセット。

④ラインの色を真っ白にセット。

⑤ラインの配列の番号を0インデックスに。

⑥ラインがまだ0本以下の場合「draw」メソッドを抜ける。

⑦ラインの開始地点の「self.pos」配列の「p」インデックスを「p1」変数に代入。

⑧ラインの終了地点の「self.pos2」配列の「p」インデックスを「p2」変数に代入。

⑨「line」関数でp1(x,y)~p2(x,y)までラインを描く。

⑩画面タッチした時にラインの開始地点を「self.pos」配列の最後に代入。

⑪画面タッチを離した時にラインの終了地点を「self.pos2」配列の最後に代入。

6-3　　「線画」でお絵描き

この節では、iPhone画面をスワイプしてお絵描きする解説をします。

■お絵描き

シーンに絵を描くには直線をたくさん描きます。

　前節では直線1本だけでしたが、この節ではiPhoneの画面をタッチが動いた数だけ直線を描きます。

　手描きでは曲線を描くと思われるかもしれませんが、「短い直線」をたくさん繋いで曲線に見せているだけです。

　iPhone画面をタッチしたら、ラインの「開始地点」の配列にタッチ座標を追加し、タッチ移動したらラインの「開始地点」と「終了地点」の配列にタッチ座標を追加します。

■コードの記述

前節に続けて「drawing.py」ファイルに、サンプルファイルの「drawing」→「drawing3.py」のようにコードを追記します。

ラインの数だけ「for」ループして、直線を「line」関数でたくさん描きます。
ただし「self.pos」配列の要素数未満だけラインを描きます。

「p」変数にはfor文で代入するので「p = 0」は不要です。
「if p >= len(self.pos2): return」や「touch_ended」メソッドも不要です。

「drawing3.py」を実行すると、図6-2のように画面をスワイプすれば線画を描くことができます。

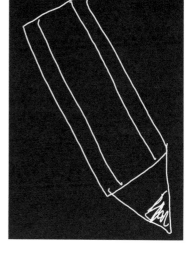

図6-2　お絵描き

リスト6-3　drawing3.py

```
from scene import *

class MyScene (Scene):
  pos = []
  pos2 = []

  def draw(self):
    stroke_weight(3)
    stroke(1, 1, 1, 1)
#    p = 0 #①
    for p in range(len(self.pos)): #②
#    if p >= len(self.pos2): return #③
      p1 = self.pos[p] #インデント
      p2 = self.pos2[p] #インデント
      line(p1.x,p1.y,p2.x,p2.y) #インデント
```

```
    def touch_began(self, touch):
        self.pre = touch.location #④

    def touch_moved(self, touch):
        self.pos.append(self.pre) #⑤
        self.pos2.append(touch.location) #⑥
        self.pre = touch.location #⑦

#   def touch_ended(self, touch): #⑧
#       self.pos2.append(touch.location) #⑨

if __name__ == '__main__':
    run(MyScene(), show_fps=False)
```

【コードの解説】

①(削除)
②0～ライン数未満までループ。
③(削除)
④タッチの初めの位置を「self.pre」プロパティに代入。
⑤iPhone画面をタッチが動いたらラインの開始地点の座標を「self.pos」配列の後ろに追加。
⑥iPhone画面をタッチが動いたらラインの終了地点の座標を「self.pos2」配列の後ろに追加。
⑦スワイプした位置を「self.pre」プロパティに代入。
⑧(削除)
⑨(削除)

*

この章では、iPhone画面をスワイプしてラインを引く、「お絵かきソフト」を作りました。

改造するなら、たとえば、色を変えたり塗り潰ししたり、アンドゥもできたらとても便利です。

おまけで「drawing4.py」もサンプルに入れたので、活用してください。

第7章

簡易Webブラウザ

> この章では、「ホームへの移動」「進む」「戻る」ができる「簡易Webブラウザ」の開発について解説します。

7-1 「Webブラウザ」のUIをデザイン

この節では「Webブラウザ」のUIをデザインを解説します。

■ユーザーインターフェイス

ここでは、まだブラウザらしい機能は実装せず、見た目のUIだけWebブラウザを作ります。

「UI」とは「ユーザーインターフェイス」のことで、グラフィカルに画面を操作します。

「Script with UI」メニューで「web」などのファイル名をつけてUIスクリプトを作り、サンプルファイルの「web」→「web1.pyui」のようにUIをデザインします。

この節では、「Button」UIを3つと、「Web View」UIを1つだけ作ります。

図7-1のように右上の丸で囲まれた「i」ボタンで「Inspector」を設定します。
「Portrait」だけをタッチすると画面サイズの「Size」が「320,480」にセットされます。

図7-1 UIのpyuiファイル

リスト7-1 「Inspector」の設定

```
Size      320,480
Square    (320×320の正方形サイズ)
Portrait  (320×480の肖像画サイズ)
Landscape (480×320の風景画サイズ)

Custom View Class      (なし)

Background Colorホワイト
Tint Color      ブルー
```

　さらに、「Untitled」を「web view」に書き換え、「Button」UIを追加する方法を解説します。

左上の各丸四角形で囲まれた「＋」ボタンでUIパーツを追加します。

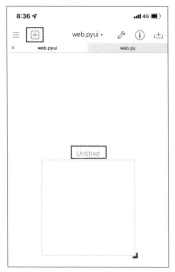

図7-2　画面タイトルの入力

「Add View」ダイアログで、ここでは「Button」UIを追加します。

後で、「Web View」UIを追加します。

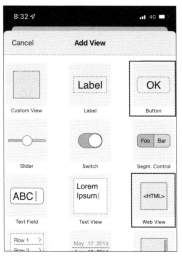

図7-3　UIパーツの追加

　追加した「Button」UIを選択した状態で、右
上の丸で囲まれた「i」ボタンをタッチすることで
「Button」UIの詳細が設定できます。

　「Name」は名前で、「Position」は位置、「Size」
は幅高さのサイズで、「Background Color」は背
景色、「Tint Color」は文字の色、「Border」は境
界線、「Border Color」は境界線の色、「Alpha」
は不透明度を設定します。

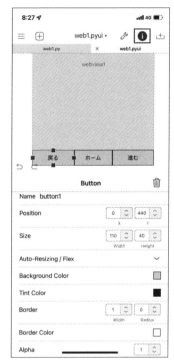

図7-4　ボタンUIの詳細

「Auto-Resizing / Flex」は自動リサイズします。

　次の図のようにセットすれば、画面サイズに合わせて「Button」UIが拡大縮
小します。

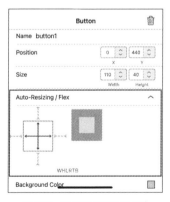

図7-5　ボタンUIのリサイズ

次の図の詳細の部分はUIの種類によって大きく変わります。
ここでは「Button」UIの場合です。

「Title」がボタンの文字列で、「Font Size」が文字の大きさ、「Bold」が太字かどうか、「Image」が画像、「Action」が「pyファイル」で呼び出す関数名です。

この節で作る「3つのボタン」と、「Webビュー」は次のように追加して設定します。
ここまでの図を参考に追加して設定してください。

「Scale Page to Fit」は、WebページのビューサイズをUIのサイズに合わせるかどうかです。

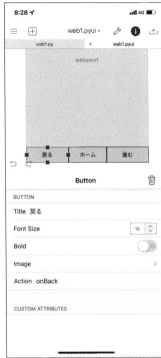

図7-6　ボタンUI

リスト7-2　「Button」追加①

```
Name       button1
Position 0,440
Size       110,40
Auto-Resizing / Flex    図07-05
Background Colorグレー
Tint Color         ブラック
Border 1,0
Border Color      ホワイト
Alpha      1

Title      戻る
Font Size15
Bold       Off
Image      なし
Action     onBack
```

リスト7-3　「Button」追加②

```
Name      button1
Position 110,440
Size      100,40
Auto-Resizing / Flex    図07-05
Background Colorグレー
Tint Color       ブラック
Border 1,0
Border Color     ホワイト
Alpha     1

Title     ホーム
Font Size15
Bold      Off
Image     なし
Action    onHome
```

リスト7-4　「Button」追加③

```
Name      button1
Position 210,440
Size      110,40
Auto-Resizing / Flex    図07-05
Background Colorグレー
Tint Color       ブラック
Border 1,0
Border Color     ホワイト
Alpha     1

Title     進む
Font Size15
Bold      Off
Image     なし
Action    onForward
```

リスト7-5 「WebView」追加

```
Name       webview1
Position 0,0
Size       320,440
Auto-Resizing / Flex       図07-05
Background Colorホワイト
Tint Color       ホワイト
Border 0,0
Border Color       ホワイト
Alpha       1

Scale Page to Fit       On
```

■コードの記述

「web.py」ファイルに、サンプルファイルの
「web」→「web1.py」のようにコードを入力しま
す。

スクリプトを実行したら、「onBack」関数は「戻
る」ボ タ ン の「Action」項 目 か ら 呼 ば れ、
「onHome」関数は「ホーム」ボタンの「Action」項
目から呼ばれ、「onForward」関数は「進む」ボタ
ンの「Action」項目から呼ばれます。

「present」メソッドは引数が「sheet」なら「pyui
ファイル」のUIを画面の真ん中に、「fullscreen」な
ら全画面表示し、「sidebar」なら「Pythonista3」の
サイドバーに表示します。
「web1.py」を実行すると、図7-7のようにボ
タンだけのWebブラウザが表示されます。

図7-7　空白のWebブラウザ

リスト7-6　web1.py

```
import ui #①

def onBack(sender): #②
  pass #③

def onHome(sender): #④
  pass #⑤

def onForward(sender): #⑥
  pass #⑦

v = ui.load_view() #⑧
v.present('sheet') #⑨
```

【コードの解説】

①「ui」モジュールのインポート。
②UIで「戻るボタン」が押されたら呼ばれる関数。
③何もせずに次に進む。
④UIで「ホームボタン」が押されたら呼ばれる関数。
⑤何もせずに次に進む。
⑥UIで「進むボタン」が押されたら呼ばれる関数。
⑦何もせずに次に進む。
⑧「web1.pyui」ファイルを読み込む。
⑨「web1.pyui」を表示。

7-2 「簡易Web」ブラウザの完成

「Web ビュー」を追加して、「簡易Webブラウザ」を完成させます。

■Webビュー

ブラウザのWebページを表示するには「WebView」の「load_url」メソッドに開きたいURLを渡すだけです。

「ホーム」ボタンでWebページに遷移するのもこれを使います。

1つ前に開いたWebページに「戻る」には「WebView」の「go_back」メソッドを使い、1つ次に開いたWebページに「進む」には「WebView」の「go_forward」メソッドを使います。

pyuiファイルから各UIを取得するには、UI変数の辞書型から各UIのNameを指定すれば取得できます。

■コードの記述

前節に続けて「web.py」ファイルに、サンプルファイルの「web」→「web2.py」ファイルのように次のコードを追記します。

「web2.pyui」は「web1.pyui」とまったく同じ内容です。

ホームページのURLは「HOME」定数に代入します。

正確には、Pythonには「定数」はなく、変数を大文字で書いているだけです。

コードの②③④にある「pass」は不要なので削除します。

「web2.py」を実行すると、次の図のようにWebブラウザで「Google」の日本語のトップページが開きます。

当然、インターネットにアクセスするので「設定」アプリ→「Pythonista」→「モバイルデータ通信」→「ON」か、「Wi-Fi」がつながっていないと使えません。

図7-8　Webブラウザ

リスト7-7 web2.py

```
import ui

HOME = 'https://www.google.co.jp' #①

def onBack(sender):
  wv.go_back() #②

def onHome(sender):
  wv.load_url(HOME) #③

def onForward(sender):
  wv.go_forward() #④

v = ui.load_view()
wv=v['webview1'] #⑤
wv.load_url(HOME) #⑥
v.present('sheet')
```

【コードの解説】

①このブラウザのホームページのURL。

②1つ前に開いたページに遷移。

③ホームページに遷移。

④1つ次に開いたページに遷移。

⑤「web2.pyui」の「webview1」という名前の「WebView」UIを取得。

⑥ホームページを開く。

*

この章では簡易Webブラウザを開発しました。

「Webビュー」と「戻る」「ホーム」「進む」のボタンしかないので、いろいろなデザインに改造してみてください。

第8章

ピアノアプリ

この章では「ピアノアプリ」の開発について解説します。

8-1 「ピアノのUI」をデザイン

まずは、「ピアノの見た目（UI）」をデザインします。

■ユーザーインターフェイス

音の鳴らない、「ピアノの鍵盤」のUIの見た目だけを作ります。

「Script with UI」メニューで「piano」などのファイル名をつけてUIスクリプトを新規作成し、サンプルファイルの「piano」→「piano1.pyui」のようにUIをデザインします。

「黒鍵ボタン」が「白鍵ボタン」の上に来ないと「黒鍵ボタン」が押せないので、**図8-1**のように先にすべての「白鍵ボタン」を作ってから、後から「黒鍵ボタン」を追加します。

「Untitled」を「piano」に変更します。
右上の丸で囲まれた「i」ボタンで「Inspector」を設定します。

「Portrait」をタッチすると、画面サイズの「Size」が「320,480」にセットされます。

図8-1　ピアノUIの完成図

「Auto-Resizing / Flex」は、自動でリサイズします。
図8-2のようにセットすれば、画面サイズに合わせて拡大縮小します。

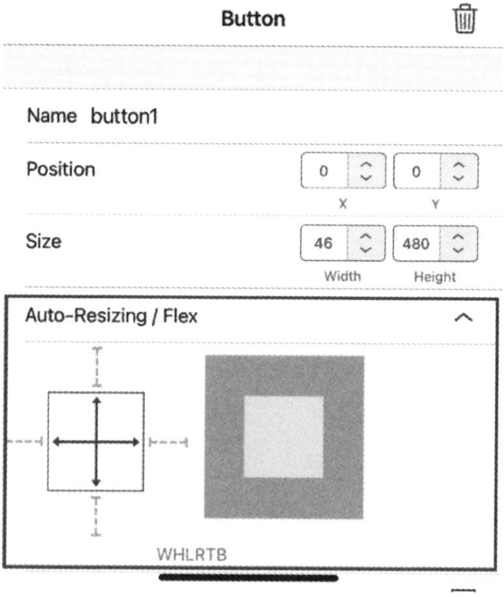

Button　　　　　　　🗑

Name　button1

Position　　　　　　　　0　　　　0
　　　　　　　　　　　　X　　　　Y

Size　　　　　　　　　　46　　　480
　　　　　　　　　　　Width　　Height

Auto-Resizing / Flex　　　　　　∧

WHLRTB

図8-2　UIパーツのリサイズ

この節で作る「ピアノの鍵盤パーツ」は、それぞれ次のように追加します。

「7-1」を参考に追加して設定してください。

リスト8-1 「Button」追加

```
Name      button1
Position 0,0
Size      46,480
Auto-Resizing / Flex    図08-02
Background Colorホワイト
Tint Color       ホワイト
Border 1,0
Border Color      ブラック
Alpha     1

Title    C
Font Size15
Bold      Off
Image     なし
Action    onPlay
```

リスト8-2 「Button」追加②

```
Name      button1
Position 46,0
Size      46,480
Auto-Resizing / Flex    図08-02
Background Colorホワイト
Tint Color       ホワイト
Border 1,0
Border Color      ブラック
Alpha     1

Title    D
Font Size15
Bold      Off
Image     なし
Action    onPlay
```

リスト8-3 「Button」追加③

```
Name      button1
Position  92,0
Size      46,480
Auto-Resizing / Flex    図08-02
Background Colorホワイト
Tint Color        ホワイト
Border 1,0
Border Color      ブラック
Alpha     1

Title     E
Font Size15
Bold      Off
Image     なし
Action    onPlay
```

リスト8-4 「Button」追加④

```
Name      button1
Position  138,0
Size      46,480
Auto-Resizing / Flex    図08-02
Background Colorホワイト
Tint Color        ホワイト
Border 1,0
Border Color      ブラック
Alpha     1

Title     F
Font Size15
Bold      Off
Image     なし
Action    onPlay
```

リスト8-5 「Button」追加⑤

```
Name      button1
Position  184,0
Size      46,480
Auto-Resizing / Flex    図08-02
Background Colorホワイト
Tint Color       ホワイト
Border 1,0
Border Color     ブラック
Alpha    1

Title    G
Font Size15
Bold     Off
Image    なし
Action   onPlay
```

リスト8-6 「Button」追加⑥

```
Name      button1
Position  230,0
Size      46,480
Auto-Resizing / Flex    図08-02
Background Colorホワイト
Tint Color       ホワイト
Border 1,0
Border Color     ブラック
Alpha    1

Title    A
Font Size15
Bold     Off
Image    なし
Action   onPlay
```

リスト8-7 「Button」追加⑦

```
Name      button1
Position 275,0
Size      46,480
Auto-Resizing / Flex      図08-02
Background Colorホワイト
Tint Color        ホワイト
Border 1,0
Border Color      ブラック
Alpha      1

Title      B
Font Size15
Bold      Off
Image      なし
Action      onPlay
```

リスト8-8 「Button」追加⑧

```
Name      button1
Position 24,0
Size      40,300
Auto-Resizing / Flex      図08-02
Background Colorブラック
Tint Color        ホワイト
Border 1,0
Border Color      ブラック
Alpha      1

Title      C#
Font Size15
Bold      Off
Image      なし
Action      onPlay
```

リスト8-9 「Button」追加⑨

```
Name      button1
Position  72,0
Size      40,300
Auto-Resizing / Flex    図08-02
Background Colorブラック
Tint Color      ホワイト
Border 1,0
Border Color    ブラック
Alpha    1


Title    D#
Font Size15
Bold     Off
Image    なし
Action   onPlay
```

リスト8-10 「Button」追加⑩

```
Name      button1
Position  164,0
Size      40,300
Auto-Resizing / Flex    図08-02
Background Colorブラック
Tint Color      ホワイト
Border 1,0
Border Color    ブラック
Alpha    1


Title    F#
Font Size15
Bold     Off
Image    なし
Action   onPlay
```

リスト8-11 「Button」追加⑪

```
Name      button1
Position 210,0
Size      40,300
Auto-Resizing / Flex    図08-02
Background Color ブラック
Tint Color       ホワイト
Border 1,0
Border Color     ブラック
Alpha     1

Title     G#
Font Size 15
Bold      Off
Image     なし
Action    onPlay
```

リスト8-12 「Button」追加⑫

```
Name      button1
Position 255,0
Size      40,300
Auto-Resizing / Flex    図08-02
Background Color ブラック
Tint Color       ホワイト
Border 1,0
Border Color     ブラック
Alpha     1

Title     A#
Font Size 15
Bold      Off
Image     なし
Action    onPlay
```

■コードの記述

「piano.py」ファイルに、サンプルファイルの「piano」→「piano1.py」ファイルのようにコードを入力します。

スクリプトを実行したら、前章では3つのボタンの「Action」がそれぞれ違う関数を呼び出していましたが、この章ではすべての鍵盤ボタンが「onPlay」関数を呼び出します。

「Action」から「onPlay」関数を呼び出すとき引数に「sender」を渡すので、ここでは「sender」の「title」プロパティから「鍵盤名」を取得します。

「piano1.py」を実行すると、「鍵盤ボタン」をタッチすることでConsoleに鍵盤名が表示されます（図8-3）。

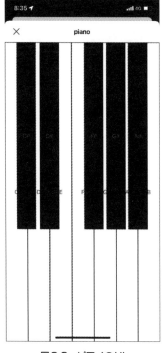

図8-3　ピアノのUI

リスト8-13　piano1.py

```
import ui #①

def onPlay(sender): #②
  print(sender.title) #③

v = ui.load_view() #④
v.present('sheet') #⑤
```

【コードの解説】

①「ui」モジュールのインポート。
②「piano1.pyui」の各ボタンから呼び出される関数。
③「piano1.pyui」のタッチしたボタンの「title」をConsoleに表示。
④「piano1.pyui」のUIを読み込む。
⑤「piano1.pyui」のUIを中央に表示。

8-2　「ピアノの音」を鳴らす

ピアノの鍵盤をタッチしたら音が鳴るようにします。

■ピアノ音

ピアノの内蔵音の名前は「**辞書型**」で宣言します。

「キー」(Key)が「C」なら「バリュー」(値)は「piano:C3」のように、「C」～「A#」まで「辞書型」を用意します。

たとえば、「note['D']」といったように、note辞書型のキーが「D」ならバリューの「piano:D3」を取得できます。

サウンドは、「sound」モジュールの「play_effect」関数で再生します。

ピアノ音の内蔵アセットは丸で囲まれた「+」をタッチして、次の図のように「Sounds」タブの「Piano」項目で「A3」～「G4#」の一覧から1つずつ追加できます。

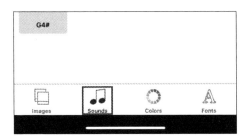

図8-4　ピアノ音の内蔵アセット

■コードの記述

　前節に続けて「piano.py」ファイルに、サンプルファイルの「piano」→「piano2.py」ファイルのように次のコードを追記します。「piano2.pyui」は「piano1.pyui」とまったく同じ内容です。

　この節では音を指定するために「note」辞書型を使います。
　③は「print」関数からサウンドを再生する「play_effect」関数に書き換えます。

　「piano2.py」を実行すると、サンプルの「ピアノアプリ」が起動して、「鍵盤ボタン」をタッチすることで「ピアノ音」が鳴ります。

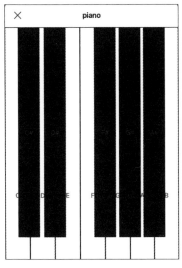

図8-5　ピアノ音の再生

リスト8-14　piano2.py

```python
import ui
import sound #①

note={'C':'piano:C3','D':'piano:D3',
  'E':'piano:E3','F':'piano:F3',
  'G':'piano:G3','A':'piano:A3',
  'B':'piano:B3','C#':'piano:C3#',
  'D#':'piano:D3#','F#':'piano:F3#',
  'G#':'piano:G3#','A#':'piano:A3#'} #②

def onPlay(sender):
  sound.play_effect(note[sender.title]) #③

v = ui.load_view()
v.present('sheet')
```

【コードの解説】

①サウンドを扱う「sound」モジュールのインポート。

②「C」～「A#」までの12音と内蔵アセットの辞書型。

③サウンドを再生。

*

　この章では「ピアノの鍵盤」をボタンUIで作成し、「鍵盤ボタン」をタッチしたらピアノが鳴る楽器アプリを作りました。

　改造するなら、もっと多くの鍵盤のUIを作って追加するなどがいいでしょう。

英語クイズ

この章では日本語で書かれた単語を英語に訳し、入力して答える「英語クイズ」を作る方法を解説します。

9-1 「英語クイズ」のUIのデザイン

この節では、英語クイズのUIを、見た目だけデザインします。

■ユーザーインターフェイス

この章では「ラベル」に日本語の単語の問題が出題されて、「テキストフィールド」に英単語で答えるだけのクイズを作ります。

この節では見た目のユーザーインターフェイスをデザインするだけで、何も機能しません。

「Script with UI」メニューで「english」などのファイル名をつけてUIスクリプトを新規作成し、サンプルファイルの「english」→「english1.pyui」ファイルのようにUIをデザインします（図9-1）。

「Untitled」を「english」に変更します。

右上の丸で囲まれた「i」ボタンで「Inspector」を設定します。

「Square」をタッチすると、画面サイズの「Size」が「320,320」にセットされます。

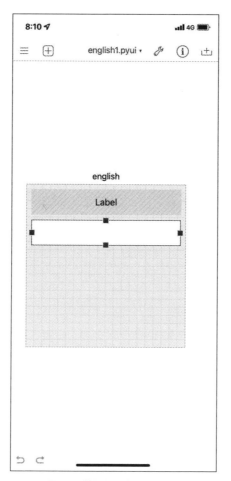

図9-1 英語クイズUIの完成図

「Auto-Resizing / Flex」は自動でリサイズします。

　図9-2のようにセットすれば、画面サイズが変わっても、UIパーツは「元の位置」かつ「元のサイズ」のままになります。

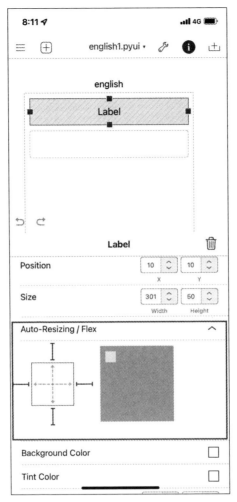

図9-2　UIのリサイズ

この節で作る「ラベル」と「テキストフィールド」は、次のように追加して設定します。

「7-1」を参考に追加して設定してください。

リスト9-1 「Label」追加

```
Name      label_japanese
Position  10,10
Size      300,50
Auto-Resizing / Flex    図9-2
Background Colorホワイト
Tint Color       ホワイト
Border 0,0
Border Color     ホワイト
Alpha     1

Text      Label
Font
Color     ホワイト
Number of Lines 0
Alignment中央寄せ
```

リスト9-2 「TextField」追加

```
Name      text_english
Position  10,70
Size      300,50
Auto-Resizing / Flex    図9-2
Background Colorホワイト
Tint Color       ホワイト
Border 0,0
Border Color     ホワイト
Alpha     1

Text      (空)
Placeholder      (空)
Text Color       ホワイト
Font      <System> 17
Alignment中央寄せ
Auto-Correction ●
Spell-Checking  ●
Password Field  Off
Action    onEnglish
```

■コードの記述

「english.py」ファイルに、サンプルファイルの「english」→「english1.py」の
ようにコードを入力します。

スクリプトを実行して、英単語を入力して「改行」ボタンを押したら
「onEnglish」関数が呼ばれます。
この時点では、まだ何も処理を行なっていません。

日本語で出題する「makeQuestion」関数も、まだ何も処理を行なっていません。
「english1.py」を実行すると、次の図のように「ラベル」に「Label」と表示され、
「テキストフィールド」が空の状態でUIが表示されるだけします。

図9-3　英語クイズのUI

リスト9-3　english1.py

```python
import ui  #①

def onEnglish(sender):  #②
  pass  #③

def makeQuestion():  #④
  pass  #⑤

v = ui.load_view()  #⑥
makeQuestion()  #⑦
v.present('sheet')  #⑧
```

第**9**章 英語クイズ

【コードの解説】

①「ui」モジュールのインポート。
②英単語を入力して「改行」を押すと呼ばれる関数。
③何もせずに次に進む。
④問題の英単語をセットする関数。
⑤何もせずに次に進む。
⑥「english1.pyui」ファイルの UI を読み込む。
⑦問題をセットする「makeQuestion」関数(④)を呼び出す。
⑧UI を表示。

9-2 「日本語の問題」を出題

この節では日本語の単語を1問だけ出題する解説をします。

■問題の作成

　問題を作るため、タプルで「創造的な」「解決策」「討論する」「文書」「接続する」「効果」「割る」「行列」「乗り物」「王国」の10問ぶんの日本語を用意します。

　「タプル」はリストと似ていますが、要素を取得できるだけで、初期化の時だけしか代入できません。

　この節では1問目の「創造的な」という日本語を英語に訳すように出題するだけで、まだ英語で答えることはできません。

　「index」変数が、タプルの日本語のインデックス番号で問題の番号になります。

■コードの記述

　前節に続けて「english.py」ファイルに、サンプルファイルの「english」→「english2.py」ファイルのようにコードを追記します。
　「english2.pyui」は、「english1.pyui」とまったく同じ内容です。

　「ui」モジュールの「load_view」関数で「v」変数に「english2.pyui」の UI ファイルを読み込みます。

　辞書型「v」変数の「label_japanese」キーのUIパーツを読み込み、その「text」プロパティでラベルに日本語をセットします。

　「english2.py」を実行すると、次の図のように「創造的な」という問題の英語訳を答える出題だけします。

図9-4　「創造的な」の日本語

リスト9-4　english2.py

```
import ui

index = 0 #①

def onEnglish(sender):
  pass

def makeQuestion():
  q = ('創造的な','解決策','討論する','文書',
    '接続する','効果','割る','行列','乗り物','王国') #②
  japanese = v['label_japanese'].text = q[index] #③

v = ui.load_view()
makeQuestion()
v.present('sheet')
```

【コードの解説】

①問題のタプルの0インデックスを「index」変数に。

②10問の日本語の問題をタプルに用意。

③「english2.pyui」のラベル「label_japanese」UIに問題の日本語の単語を
セット。

9-3 「英語クイズ」の正解と不正解

この節では、「日本語の英訳」が正しく正解できたかをチェックします。

■日本語を正しく英訳できたか？

「テキストフィールド」の「text_english」は「english3.pyui」のUIを読み込ん
だ「v」変数の辞書型から取得します。

関数内でグローバル変数は取得はできますが、代入できるようにするには
「global」文を使います。

解答した英単語が正しければ正解音の、内蔵アセット「game:Ding_3」を再
生し、間違っていれば、内蔵アセット「game:Error」を再生します。

正解音と不正解音は「+」をタッチして、次の図のように内蔵アセットを読み
込みます。

図9-5 内蔵アセット

■コードの記述

前節に続けて「english.py」ファイルに、サンプルファイルの「english」→「english3.py」のようにコードを追記します。

「english3.pyui」は「english1.pyui」とまったく同じ内容です。

「a」タプルは「makeQuestion」関数の「q」タプルの日本語の正しい英語訳です。

「テキストフィールド」の文字は「str.lower」メソッドですべて小文字に変換してから「a」タプルの正解と照合します。

「english3.py」を実行すると、**図9-6**のように日本語を入力して「改行」したら正確に英語に訳せたかチェックします。

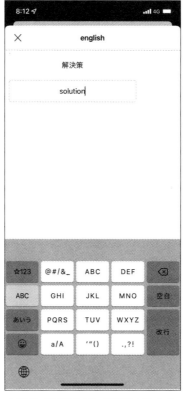

図9-6 日本語を正しく英訳できたか?

リスト9-5　english3.py

```python
import ui
import sound #①

index = 0

def onEnglish(sender):
  global index #②
  a = ('creative','solution','debate','document','connect',
    'effect','divide','matrix','vehicle','kingdom') #③
  english = v['text_english'] #④
  if str.lower(english.text) == a[index]: #⑤
    sound.play_effect('game:Ding_3') #⑥
    index = (index + 1) % len(a) #⑦
    english.text = '' #⑧
    makeQuestion() #⑨
  else: #⑩
    sound.play_effect('game:Error') #⑪

def makeQuestion():
  q = ('創造的な','解決策','討論する','文書',
    '接続する','効果','割る','行列','乗り物','王国')
  japanese = v['label_japanese'].text = q[index]

v = ui.load_view()
makeQuestion()
v.present('sheet')
```

【コードの解説】

①「sound」モジュールのインポート。

②「index」変数を「onEnglish」関数内でも代入できるように。

③正解の「a」タプル。

④「text_english」UI を取得。

⑤「text_english」UI のテキストを全て小文字にして、英語訳が正しいか調べる。

⑥もし⑤が成り立つ場合、正解音を鳴らす。

⑦問題番号の「index」変数を次の問題に。

⑧「text_english」UIのテキストを空文字に。

⑨次の日本語問題を出題。

⑩もし⑤が成り立たない場合。

⑪間違い音の再生。

＊

この章では、日本語を英訳して答えるだけのシンプルなクイズを作りました。

改造するなら、たとえば言語に限らず他の種類のクイズも作ってみるといいでしょう。

Column 「ゼロ」の概念

プログラミングでは、大抵数字の始まりは「1」からではなく「0」から始まります。

この「ゼロの概念」は、7世紀のインドでブラーマグプタの著書「ブラーマ・スプタ・シッダーンタ」で生まれました。

「0」(ゼロ)は「シューニャ」と名付けられ、サンスクリット語で「空」(からっぽ)を意味します。

第10章

カスタムUI

この章では、オリジナルのUIと作ったゲームを組み合わせるための、「カスタムUI」を使ったデモの作り方を解説します。

10-1 「カスタムビュー」のUI

ここでは、「カスタムUI」を作るサンプルを例示します。

■カスタムビューのユーザーインターフェース

「カスタムUI」は「Custom View」UIに任意のビューを表示できます。

この節では「Scene」クラスから派生した「MyScene」をビューに表示します。つまり**第3〜6章**の「Game / Animation」の「Scene」クラスをUIの一部として使ったりできます。

*

「Script with UI」メニューで「custom_ui」などのファイル名をつけてUIスクリプトを新規作成します。

サンプルファイルの「custom_ui」→「custom_ui1.pyui」のように、UIをデザインします(**図10-1**)。

ファイル名の「Untitled」を「custom_ui」に変更して、右上の丸で囲まれた「i」ボタンで「Inspector」を設定します。

「Portrait」をタッチすると画面サイズの「Size」が「320,480」にセットされます。

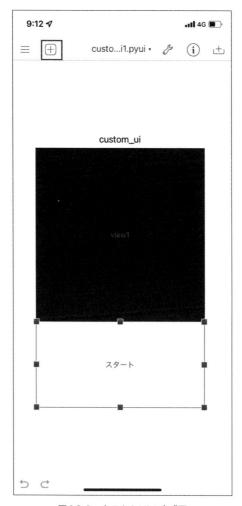

図10-1　カスタムUIの完成図

「Auto-Resizing / Flex」は自動でリサイズします。

図10-2のようにセットすれば、画面をリサイズしても上の位置だけ固定します。

「Custom View」をリサイズに合わせて拡大縮小しないのは、セットした任意のビューの拡大縮小がうまくいかないためです。

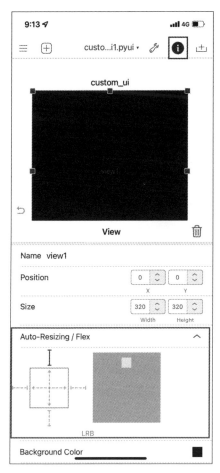

図10-2　カスタムUIのリサイズ　　　　図10-3　ボタンUIのリサイズ

　図10-3のようにセットすれば、画面のリサイズに合わせてボタンサイズも変わります。

　この節で作る「カスタムUI」は、「7-1」を参考にして、次のように追加設定してください。

リスト10-1 「Custom View」追加

```
Name     view1
Position 0,0
Size     320,320
Auto-Resizing / Flex    図10-2
Background Colorダークグレー
Tint Color      ホワイト
Border 0,0
Border Color    ホワイト
Alpha    1
```

リスト10-2 「Button」追加

```
Name     button1
Position 0,320
Size     320,160
Auto-Resizing / Flex    図10-3
Background Colorホワイト
Tint Color      ホワイト
Border 0,0
Border Color    ホワイト
Alpha    1

Title    スタート
Font Size15
Bold     Off
Image    なし
Action   onAction
```

■コードの記述

　「custom_ui.py」ファイルに、サンプルファイルの「custom_ui」→「custom_ui1.py」のようにコードを入力します。

　スクリプトを実行して、「スタート」ボタンをタッチすると「onAction」関数が呼び出され、一時停止していた「MyScene」クラスの画面が再開します。

　「SceneView」クラスのインスタンスを生成して、さらに「MyScene」クラスのインスタンスをセットして、「view1」UIのサブビューとします。

「custom_ui1.py」を実行すると、**図10-4**のようにダークグレーの画面とスタートボタンだけが表示されます。

「スタートボタン」をタッチすると、真っ黒な矩形が現れるだけの状態になります。

図10-4 スタートボタン

リスト10-3 custom_ui1.py

```
import ui #①
from scene import * #②

class MyScene (Scene): #③

  def touch_began(self,touch): #④
    pass #⑤

def onAction(sender): #⑥
  sv.paused = False #⑦

v = ui.load_view() #⑧
vw=v['view1'] #⑨
sv=SceneView() #⑩
sv.paused = True #⑪
sv.scene = MyScene() #⑫
vw.add_subview(sv) #⑬
v.present() #⑭
```

【コードの解説】

① 「ui」モジュールのインポート。

② 「scene」モジュールのインポート。

③ 「scene」モジュールの「Scene」クラスから派生した「MyScene」クラスの宣言。

④ 画面タッチの初めに呼ばれるメソッド。

⑤ 何もせずに次に進む。

⑥ 「スタート」ボタンが押されたら呼ばれる関数。

⑦ 一時停止をやめる。

⑧ 「custom_ui.pyui」のUIを読み込む。

⑨ 「custom_ui.pyui」の「view1」UIを取得。

⑩ 「SceneView」クラスのインスタンスを生成し「sv」変数に代入。

⑪ シーンを停止。

⑫ 「sv」変数の「scene」プロパティに「MyScene」クラスのインスタンスを生成して代入。

⑬ 「view1」UIのサブビューにシーンをセット。

⑭ UIを中央に表示。

10-2 「カスタムUI」のタッチで「クマ出現」

　ここでは、「カスタムUIをタッチした位置にクマの顔が出現する演出」を解説します。

■「カスタムUI」のゲームシーン

　この章ではゲームまでは作りません。
　UIの一部に「カスタムUI」のゲームシーンを使うデモです。

　「self.add_child」メソッドでシーンにスプライトを追加しないとシーンにはスプライトは表示されません。

　「custom_ui.py」ファイルの「SpriteNode」の引数にカーソルを合わせ「＋」をタッチしたら、次の画像のように内蔵アセットの「Images」→「Emoji」→「Bear_Face」を追加します。

　スプライトの「emj:」で始まるファイル名は、「Emoji」画像の内蔵アセットを表します。

図10-5　内蔵アセットのクマの顔

■コードの記述

前節に続けて「custom_ui.py」ファイルに、サンプルファイルの「custom_ui」→「custom_ui2.py」のようにコードを追記します。

「custom_ui2.pyui」は「custom_ui1.pyui」と、まったく同じ内容です。

「MyScene」クラスでスプライトはプロパティの「sprite」配列に保持します。

「sprite」配列のプロパティを用意しなくても「sprite=SpriteNode('emj:Bear_Face')」「sをsprite」にしても同じことはできます。

「custom_ui2.py」を実行すると、図10-6のようにカスタムUIをタッチした位置にクマの顔のスプライトを追加します。

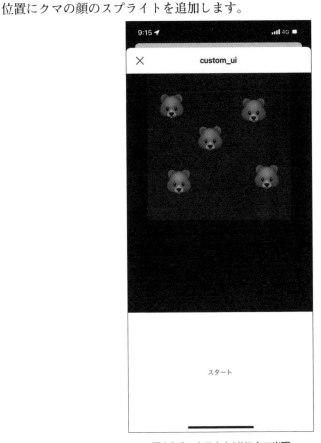

図10-6　カスタムUIにクマ出現

リスト10-4　custum_ui2.py

```python
import ui
from scene import *

class MyScene (Scene):
  sprite = [] #①

  def touch_began(self,touch):
    self.sprite.append(
      SpriteNode('emj:Bear_Face')) #②
    s = self.sprite[-1] #③
    s.position = touch.location #④
    self.add_child(s) #⑤

def onAction(sender):
  sv.paused = False

v = ui.load_view()
vw=v['view1']
sv=SceneView()
sv.paused = True
sv.scene = MyScene()
vw.add_subview(sv)
v.present()
```

【コードの解説】

①「sprite」プロパティに空の配列を代入。

②カスタムUIをタッチしたら、内蔵アセットのクマの顔をスプライトに
　生成して、「self.sprite」配列の後ろに追加。

③「self.sprite」配列の最後の要素を「s」変数に代入。

④スプライトの中心位置をタッチした位置にセット。

⑤シーンにクマの顔を追加。

＊

　この章では、「UIとゲームシーンを組み合わせる例」として、カスタムUIに
ゲームシーンの「Sceneビュー」をセットし、そこがタッチされたらクマの顔が
表示されるようにしました。

第11章

割り算クイズ

この章では、「1～9」までのボタンをタッチして答える「割り算クイズ」の作り方を解説します。

11-1 「割り算クイズ」のUI

この節では割り算クイズのインターフェイスをデザインする解説をします。

■ユーザーインターフェイス

「divide」とはもともと「分ける」という意味で、この章では「除算する」という意味です。

*

「1～9」までのボタンをタッチするだけで答えられる「割り算クイズ」を作ります。

「Script with UI」メニューで「divide」などのファイル名を付けてUIスクリプトを新規作成し、サンプルファイルの「divide」→「divide1.pyui」のようにUIをデザインします(**図11-1**)。

*

「Untitled」を「divide」に変更して、右上の丸で囲まれた「i」ボタンで「Inspector」を設定します。

「Square」をタッチすると、画面サイズを示す「Size」が「320,320」にセットされます。

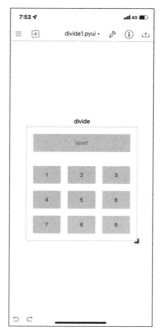

図11-1　割り算クイズUIの完成図

「Auto-Resizing / Flex」は自動でリサイズするため、**図11-2**のようにセットすれば、画面サイズに合わせて拡大縮小します。

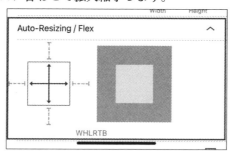

図11-2　UIのリサイズ

この節で作る「割り算の出題」と「答えるUI」は、次のように追加して設定します。

「7-1」を参考に追加して、設定してください。

リスト11-1 「Label」追加

```
Name      label1
Position 20,20
Size      280,50
Auto-Resizing / Flex    図11-02
Background Colorグレー
Tint Color      ホワイト
Border 0,0
Border Color    ホワイト
Alpha    1

Text     (空)
Font
Color    ホワイト
Number of Lines 0
Alignment中央寄せ
```

リスト11-2 「Button」追加②

```
Name      button1
Position 20,110
Size      80,50
Auto-Resizing / Flex    図11-02
Background Colorグレー
Tint Color      ホワイト
Border 0,0
Border Color    ホワイト
Alpha    1

Title    1
Font Size15
Bold     Off
Image    なし
Action   onNumber
```

リスト11-3 「Button」追加③

```
Name      button1
Position 120,110
Size      80,50
Auto-Resizing / Flex    図11-02
Background Colorグレー
Tint Color        ホワイト
Border 0,0
Border Color      ホワイト
Alpha     1

Title     2
Font Size15
Bold      Off
Image     なし
Action    onNumber
```

リスト11-4 「Button」追加④

```
Name      button1
Position 220,110
Size      80,50
Auto-Resizing / Flex    図11-02
Background Colorグレー
Tint Color        ホワイト
Border 0,0
Border Color      ホワイト
Alpha     1

Title     3
Font Size15
Bold      Off
Image     なし
Action    onNumber
```

リスト11-5 「Button」追加⑤

```
Name      button1
Position  20,180
Size      80,50
Auto-Resizing / Flex    図11-02
Background Colorグレー
Tint Color      ホワイト
Border 0,0
Border Color    ホワイト
Alpha     1

Title     4
Font Size15
Bold      Off
Image     なし
Action    onNumber
```

リスト11-6 「Button」追加⑥

```
Name      button1
Position  120,180
Size      80,50
Auto-Resizing / Flex    図11-02
Background Colorグレー
Tint Color      ホワイト
Border 0,0
Border Color    ホワイト
Alpha     1

Title     5
Font Size15
Bold      Off
Image     なし
Action    onNumber
```

リスト11-7 「Button」追加⑦

```
Name     button1
Position 220,180
Size     80,50
Auto-Resizing / Flex    図11-02
Background Colorグレー
Tint Color       ホワイト
Border 0,0
Border Color     ホワイト
Alpha    1

Title    6
Font Size15
Bold     Off
Image    なし
Action   onNumber
```

リスト11-8 「Button」追加⑧

```
Name     button1
Position 20,250
Size     80,50
Auto-Resizing / Flex    図11-02
Background Colorグレー
Tint Color       ホワイト
Border 0,0
Border Color     ホワイト
Alpha    1

Title    7
Font Size15
Bold     Off
Image    なし
Action   onNumber
```

リスト11-9 「Button」追加⑨

```
Name      button1
Position  120,250
Size      80,50
Auto-Resizing / Flex    図11-02
Background Colorグレー
Tint Color      ホワイト
Border 0,0
Border Color    ホワイト
Alpha     1

Title     8
Font Size15
Bold      Off
Image     なし
Action    onNumber
```

リスト11-10 「Button」追加⑩

```
Name      button1
Position  220,250
Size      80,50
Auto-Resizing / Flex    図11-02
Background Colorグレー
Tint Color      ホワイト
Border 0,0
Border Color    ホワイト
Alpha     1

Title     9
Font Size15
Bold      Off
Image     なし
Action    onNumber
```

■コードの記述

新しく作った「divide.py」ファイルに、サンプルファイルの「divide」→「divide1.py」のようにコードを入力します。

＊

「Button」UIを追加してセットした「Action」項目で、スクリプトの実行中にボタンをタッチしたら「onNumber」関数を呼び出します。

まだ、見た目のインターフェイスだけの状態で、何も処理はしません。

「divide1.py」を実行すると、出題ラベルUIと、割り算に答える数字のボタンが表示されます(図11-3)。

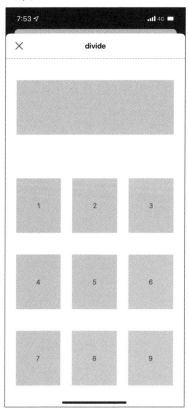

図11-3 「割り算クイズ」の見た目だけ

リスト11-11　divide1.py

```
import ui #①

def onNumber(sender): #②
  pass #③

v = ui.load_view() #④
v.present('sheet') #⑤
```

【コードの解説】

①「ui」モジュールのインポート。

②「1〜9」の数字ボタンが押されたら呼ばれる関数。

③何もせずに次に進む。

④「divide1.pyui」のUIを読み込む。

⑤「divide1.pyui」のUIを画面中央に表示。

11-2　「割り算問題」の出題

「割り算クイズ」の、出題部分の作り方を解説します。

■割り算問題

「割り算問題」は、先に「答」をランダムに決めて、「割る数値」もランダムに決めておきます。

*

「割られる数値」は「答×割る数値」で作ります。

そして、問題を「割られる数値÷割る数値＝」として、割り算クイズを出題します。

*

答の「answer」変数はグローバル変数なので、「makeQuestion」関数内でも値を代入できるように、「global」文を使います。

問題は出題されるだけで、まだこの節では答えても正解を判定することはありません。

■コードの記述

前節に続けて「divide.py」ファイルに、サンプルファイルの「divide」→「divide2.py」のようにコードを追記します。

「divide2.pyui」は「divide1.pyui」とまったく同じ内容です。

スクリプトを実行したら、最初に「makeQuestion」関数を呼び出して「割り算問題」を作成します。

数字ボタンが押されたら呼ばれる「onNumber」関数からも「makeQuestion」関数を呼び出します。

「divide2.py」を実行すると、いずれかの数字ボタンを押すたびにランダムに「割り算問題」だけ出題されます（図11-4）。

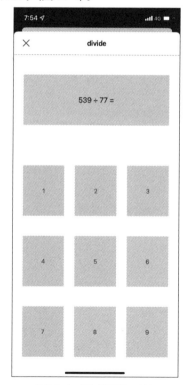

図11-4　割り算問題の出題

リスト11-12 divide2.py

```
import ui
import random #①

answer = 0 #②

def onNumber(sender):
  makeQuestion() #③

def makeQuestion(): #④
  global answer #⑤
  answer = random.randint(1,9) #⑥
  divide = random.randint(10,99) #⑦
  a_d = str(answer*divide) #⑧
  label1.text = a_d+' ÷ '+str(divide)+' = ' #⑨

v = ui.load_view()
label1 = v['label1'] #⑩
makeQuestion() #⑪
v.present('sheet')
```

【コードの解説】

①乱数の「random」モジュールのインポート。

②問題の答の数字の「answer」変数に0を代入。

③「makeQuestion」関数の呼び出し。

④割り算問題を作る関数。

⑤「makeQuestion」関数内でも「answer」変数に値を代入できるように。

⑥答「answer」変数に「1〜9」までの乱数を代入。

⑦割る数値「divide」変数に「10〜99」までの乱数を代入。

⑧「answer」×「divide」の乗算した数値を文字列に変換して「a_d」変数に代入。

⑨「割り算式」を、ラベルに表示。

⑩「divide2.pyui」から「label1」UIを取得。

⑪「makeQuestion」関数の呼び出し。

11-3 「正誤判定」と「効果音」

　「割り算クイズ」の回答が「正解」か「不正解」かを判定して、サウンドを再生する方法について解説します。

■サウンドの再生

　「sound」モジュールの「play_effect」関数に渡した引数のサウンドが鳴ります。

　「+」から一覧ダイアログを表示して、「Sounds」タブで追加します（**図11-5**）。

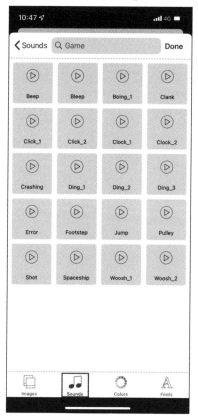

図11-5　サウンドの内蔵アセット

　「game:」から始まる名前は、ゲーム音の内蔵アセットを表わします。

■コードの記述

前節に続けて、「divide.py」ファイルに、サンプルファイルの「divide」→
「divide3.py」のようにコードを追記します。
「divide3.pyui」は「divide1.pyui」とまったく同じ内容です。

「1〜9」の数字ボタンを押したときに、「サウンドの再生処理」を行ないます。
正解した場合は、次の問題が出題されますが、間違えた場合は同じ問題のま
までです。

「divide3.py」を実行すると、「割り算問題」が出て、答が正しければ正解音が鳴っ
て次の問題が出題され、間違えれば間違い音が鳴ります（図11-6）。

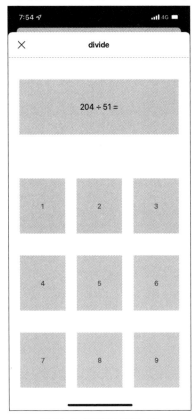

図11-6　正解音と間違い音

リスト11-13 divide3.py

```python
import ui
import random
import sound  #①

answer = 0

def onNumber(sender):
  if int(sender.title) == answer:  #②
    sound.play_effect('game:Ding_3')  #③
    makeQuestion()  #インデント
  else:  #④
    sound.play_effect('game:Error')  #⑤

def makeQuestion():
  global answer
  answer = random.randint(1,9)
  divide = random.randint(10,99)
  a_d = str(answer*divide)
  label1.text = a_d+' ÷ '+str(divide)+' = '

v = ui.load_view()
label1 = v['label1']
makeQuestion()
v.present('sheet')
```

【コードの解説】

①サウンドの「sound」モジュールのインポート。
②ボタンの数字の番号を整数にした数値が答えと等しいか調べる。
③もし②が成り立つ場合、正解音を再生。
④もし②が成り立たない場合。
⑤間違えたときの音を再生。

＊

　この章では割り算を「1〜9」で答えて、正解すれば次の問題が出題されるクイズを作りました。

　割り算だけでなく、「加算」「減算」「乗算」のクイズを試してみるのもいいでしょう。

第12章

日付け合わせゲーム

この章では、「出題されたランダムな日付けを記憶して、
その日付けを合わせるゲーム」の作り方を解説します。

12-1 「日付け合わせゲーム」のUI

「日付け合わせゲーム」のユーザーインターフェイスの作り方を解説します。

■ユーザーインターフェイス

「Date Picker（デートピッカー）UI」で、日付の選択ができます。
「Date」は「日にち」という意味で、「Picker」は「選ぶもの」という意味です。

*

ここでは、「回答に使う日付選択」のUIをセットします。

「Script with UI」メニューで「difference」などのファイル名を付けてUIスクリプトを新規作成し、サンプルファイルの「difference」→「difference1.pyui」のようにUIをデザインします（**図12-1**）。

*

「Untitled」を「difference」に変更して、右上の丸で囲まれた「i」ボタンで「Inspector」を設定します。

「Portrait」をタッチすると画面サイズの「Size」が「320,480」にセットされます。

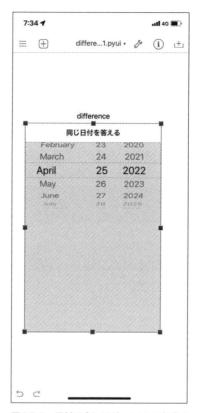

図12-1　日付け合わせゲームUIの完成図

「Auto-Resizing / Flex」で、画面のサイズに合わせてUIが拡大縮小します(図12-2)。

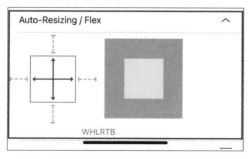

図12-2　UIのリサイズ

　図12-3のようにセットすれば、画面サイズが変わってもUIのサイズは変わりません。

図12-3　DatePickerのリサイズ

*

「ナビゲーションビューUI」は、次のように追加します。
「7-1」を参考に設定してください。

リスト12-1 「Navigation View」追加

```
Name        nav
Position 0,0
Size        320,480
Auto-Resizing / Flex      図12-02
Background Color ホワイト
Tint Color          ホワイト
Border 0,0
Border Color        ホワイト
Alpha       1

Root View Name     同じ日付を答える
Title Color          ブラック
Title Bar Color  ホワイト
```

　さらに追加した「Navigation View」UIをタッチして、「Subviews」メニューをタッチします（図12-4）。

　そこにデートピッカーを追加し、その詳細を設定してください。

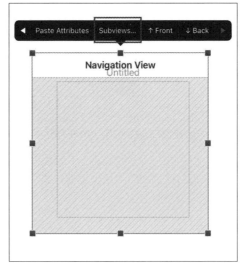

図12-4　Subviewsの設定

リスト12-2 「Date Picker」追加

```
Name       picker
Position   0,0
Size       320,480
Auto-Resizing / Flex    図12-03
Background Colorホワイト
Tint Color      ホワイト
Border 0,0
Border Color    ホワイト
Alpha   1


Mode    Date
Action  onAnswer
```

左上の丸で囲まれた「×」をタッチして、サブビューから元に戻ります。

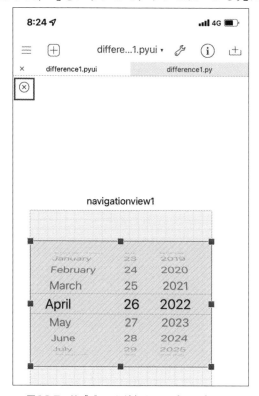

図12-5 サブビューに追加されたデートピッカー

■コードの記述

「difference.py」ファイルに、サンプルファイルの「difference」→「difference1.py」のように、コードを入力します。

スクリプトを実行しても、日付は選択できますが、まだ何も処理は行なっていません。

「onAnswer」関数は「Date Picker」UIの「サブビュー」から呼ばれます。
「difference1.py」を実行すると、日付けを選択だけできます(**図12-6**)。

図12-6 日付けの選択

リスト12-3 difference1.py

```
import ui #①

def onAnswer(sender): #②
  pass #③

v = ui.load_view() #④
v.present('sheet') #⑤
```

【コードの解説】

① 「ui」モジュールのインポート。
② 「Date Picker」UIを変更したら呼ばれる関数。
③ 何もせずに次に進む。
④ 「difference1.pyui」UIを取得。
⑤ 「difference1.pyui」UIを画面中央に表示。

12-2　画面遷移

　この節では、「ナビゲーションビュー」で画面遷移する方法を解説します。

　「ナビゲーションビュー」に「デートピッカー」を追加すると、それが最初に表示され、「同じ日付を答える」ボタンを押したら前節で作った「DatePicker」の画面に切り替わります。

■ナビゲーションビューで画面遷移

　この節では、UIを「pyuiファイル」ではなく、「pyファイル」のコードで「DatePicker」を追加します。

　どちらも同じ「デートピッカー」ですが、「コード」で書いたデートピッカーは「出題の年月日」で、「pyui」で書いたUIのデートピッカーは「年月日を回答するUI」です。

　pyuiファイルのナビゲーションビュー「nav」UIをpyファイルで取得し、ナビゲーションビューに「dp」変数を「push_view」メソッドで追加したら、最初に「dp」変数のデートピッカーが表示されます。

　この節のように、「pyファイル」でコードを書いても、「pyuiファイル」と同様にUIパーツを追加できますが、できるだけ「pyuiファイル」でデザインしたほうがいいでしょう。

■コードの記述

前節に続けて「difference.py」に、サンプルファイルの「difference」→「difference2.py」のようにコードを追記します。

「difference2.pyui」は「difference1.pyui」とまったく同じ内容です。

最初に表示される「出題の年月日」は変更できないように「touch_enabled」プロパティを「False」にセットします。

「年」「月」「日」をそれぞれランダムにセットしたら、「問題」と「答」の年月日の文字列にします。

「difference2.py」を実行すると、問題の日付が表示されるので「同じ日付を答える」ボタンを押すことで画面が遷移します(図12-7)。

図12-7 年月日問題の出題

リスト12-4　difference2.py

```
import ui
import datetime #①
from random import * #②

def onAnswer(sender):
  pass

v = ui.load_view()
nav=v['nav'] #③
dp=ui.DatePicker() #④
dp.mode=ui.DATE_PICKER_MODE_DATE #⑤
dp.touch_enabled=False #⑥
y=randint(1500,2500) #⑦
m=randint(1,12) #⑧
d=randint(1,28) #⑨
dp.date=datetime.datetime(y,m,d,0,0,0) #⑩
answer=dp.date.strftime('%y/%m/%d') #⑪
nav.push_view(dp) #⑫
v.present('sheet')
```

【コードの解説】

①時間を扱う「datetime」モジュールのインポート。

②乱数を扱う「random」モジュールのインポート。

③「difference2.pyui」UIの「nav」UIの取得。

④「DatePicker」クラスのインスタンスを生成して「dp」変数に代入。

⑤デートピッカーを年月日モードにセット。

⑥デートピッカーのUIをタッチ不可能に。

⑦問題の年を1500〜2500年までの乱数で「y」変数に代入。

⑧問題の月を1〜12月までの乱数で「m」変数に代入。

⑨問題の日を1〜28日までの乱数で「d」変数に代入。

⑩問題の年月日をデートピッカーにy年m月d日をセット。

⑪答えの年月日を「y/m/d」という文字列にセット。

⑫「nav」UIにデートピッカーを追加。

12-3　「正誤判定」と「効果音」

正解すると「正解音」が、間違えると「間違い音」が鳴るようにする方法を解説します。

■正解音と間違い音

音は、「sound」モジュールの「play_effect」関数で、第1引数のサウンドファイルを再生します。

スクリプトエディタの丸で囲まれた「＋」をタッチしたら、内蔵アセットの一覧が表示されます。

「Sounds」タブで「Ding_3」「Error」のサウンドを2回に分けて取得します（**図12-8**）。
「game:」で始まるアセット名はゲーム音の内蔵アセットを表します。

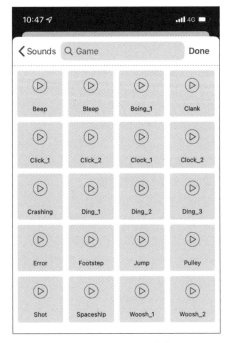

図12-8　正解音か間違い音の内蔵アセット

■コードの記述

前節に続けて「difference.py」に、サンプルファイルの「difference」→「difference3.py」のようにコードを追記します。

「difference3.pyui」は「difference1.pyui」とまったく同じ内容です。

デートピッカーをタッチして離したら呼ばれる「onAnswer」関数の「sender」引数は、「difference3.pyui」のUI自身が送られてきます。

問題である答え「answer」変数の年月日と、回答する「date」変数は、どちらも「strftime」メソッドを使って「年/月/日」というフォーマットの文字列を代入します。

「difference3.py」を実行すると、次の図のように覚えた問題の年月日を答えます。

図12-9　正解音か間違い音を鳴らす

リスト12-5　difference3.py

```python
import ui
import datetime
from random import *
import sound #①

def onAnswer(sender):
  p=sender.superview['picker'] #②
  date=p.date.strftime('%y/%m/%d') #③
  if date == answer: #④
```

```
        sound.play_effect('game:Ding_3') #⑤
    else: #⑥
        sound.play_effect('game:Error') #⑦

v = ui.load_view()
nav=v['nav']
dp=ui.DatePicker()
dp.mode=ui.DATE_PICKER_MODE_DATE
dp.touch_enabled=False
y=randint(1500,2500)
m=randint(1,12)
d=randint(1,28)
dp.date=datetime.datetime(y,m,d,0,0,0)
answer=dp.date.strftime('%y/%m/%d')
nav.push_view(dp)
v.present('sheet')
```

【コードの解説】

①サウンドの「sound」モジュールのインポート。

②「DatePicker」ビューの「picker」UIを取得。

③「picker」UIの年月日を取得して「date」変数に代入。

④「date」変数と答えの「answer」変数が一致するか調べる。

⑤もし④が成り立つ場合、正解音を鳴らす。

⑥もし④が成り立たない場合。

⑦間違い音を鳴らす。

                        ＊

　この章では「DatePicker」UIの使い方の例として、問題の年月日を覚えて、回答画面に遷移してその年月日を合わせるだけのクイズを作りました。

　ここではゲームを作りましたが、「DatePicker」はゲーム以外で使うことが多いと思います。

第13章

ファイルの読み書き

この章では、「テーブルビュー」のリスト項目をファイルに読み書きする方法について解説します。

13-1 「テキスト」をリスト項目に追加

ここでは、「テーブルビュー」に項目を追加するUIをデザインする方法を解説します。

■ユーザーインターフェイス

「fovarite」とは、「お気に入りの」という意味ですが、無理にお気に入りのアイテムを入力しなくてもいいです。

「Script with UI」メニューで「favorite」などのファイル名をつけてUIスクリプトを新規作成し、サンプルファイルの「favorite」→「favorite1.pyui」のようにUIをデザインします。

*

「Table View」(テーブルビュー)と「Text Field」(テキストフィールド)と「Button」(ボタン)のUIをデザインします(図13-1)。

「Untitled」を「favorite」に変更して、右上の丸で囲まれた「i」ボタンで「Inspector」を設定します。

「Portrait」をタッチすると画面サイズの「Size」が「320,480」にセットされます。

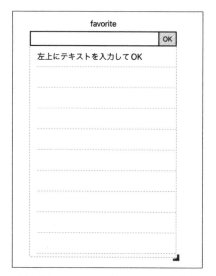

図13-1　ファイルの読み書きUIの完成図

「Auto-Resizing / Flex」により自動でリサイズするので、画面のサイズに合わせてUIが拡大縮小します（図13-2）。

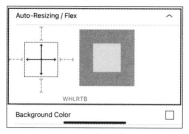

図13-2　UIのリサイズ

この節で作る「テーブルビュー」などは、次のように追加します。
「7-1」を参考に設定してください。

それぞれ、「Table View」の「Row Height」は行の高さ、「Editing」は編集が可能かの項目、「DATASOURCE」はテーブルビューに追加する項目、「Delete Enabled」は項目を削除できるか、「Move Enabled」は項目を移動して並べ替えできるかで、「Number of Lines」は行の数を示します。

　「Edit Action」は、編集した時に呼ぶ関数で、「Accessory Action」は「Action」と同じように動作しますが、「行番号」ではなく「行に格納されたデータ」を関数に渡します。

リスト13-1　「Text Field」追加

```
Name      textfield1
Position 0,0
Size      282,32
Auto-Resizing / Flex    ・図13-2
Background Colorホワイト
Tint Color        ブラック
Border 2,0
Border Color      ホワイト
Alpha     1

Title     (空)
Placeholder     (空)
Font      <System> 17
Alignment左寄せ
Auto-Correction   ●
Spell-Checking    ●
Password Field  Off
Action    (空)
```

リスト13-2 「Button」追加

```
Name      button1
Position 280,0
Size      40,32
Auto-Resizing / Flex     ・図13-2
Background Colorホワイト
Tint Color        ブラック
Border 2,0
Border Color      ホワイト
Alpha     1

Title     OK
Font Size15
Bold      Off
Image     (なし)
Action    onAdd
```

リスト13-3 「Table View」追加

```
Name      tableview1
Position 0,32
Size      320,448
Auto-Resizing / Flex     ・図13-2
Background Colorホワイト
Tint Color        ホワイト
Border 0,0
Border Color      ホワイト
Alpha     1

Row Height        44
Editing  Off

DATASOURCE        左上にテキストを入力してOK
Delete Enabled    On
Move Enabled      Off
Font Size18
Number of Lines 1

Action (空)
Edit Action       (空)
Accessory Action(空)
```

■コードの記述

「favorite.py」ファイルに、サンプルファイルの「favorite」→「favorite1.py」のようにコードを入力します。

スクリプトを実行し、「favorite1.pyui」UIの「OK」ボタンが押されたら「onAdd」関数が呼ばれます。

「onAdd」関数で「テキストフィールド」の「text」プロパティを取得して、それを「テーブルビュー」の「data_source(データソース)」の「items(項目)」プロパティに追加します。

「favorite1.py」を実行すると、左上の「テキストフィールド」に文字を入力して右上の「OK」ボタンをタッチすれば、それが「テーブルビュー」の項目に追加されます(図13-3)。

図13-3 テーブルビューに項目を追加

リスト13-4 favorite1.py

```python
import ui #①

def onAdd(sender): #②
    tf = sender.superview['textfield1'] #③
    tv.data_source.items.append(tf.text) #④

v = ui.load_view() #⑤
tv = v['tableview1'] #⑥
v.present('sheet') #⑦
```

【コードの解説】

①「ui」モジュールのインポート。

②「favorite1.pyui」UIの「OK」ボタンが押されたら呼ばれる関数。

③「favorite1.pyui」UIの「textfield1」UIを取得。

④「favorite1.pyui」UIに項目を追加。

⑤「favorite1.pyui」UIの取得。

⑥「favorite1.pyui」UIのテーブルビュー「tableview1」UIを取得。

⑦「favorite1.pyui」UIを画面中央に表示。

13-2　データの「書き出し」

文字列を、テキスト形式で外部ファイルに書き出す方法を解説します。

■文字列をファイルに書き出し

「open」関数でファイルをオープンします。

「with open」することでファイルをオープンした後「close」しなくても自動でファイルを閉じてくれます。

「open」関数の第一引数にファイル名を指定して、「mode」引数を「w」に、ファイルを「書き出し(write)」にセットします。

さらに、「encoding」引数で「エンコード」を、ここでは「utf-8」にセットします。

「as」は文字通り「として」を表わします。

ここでは「with open」したファイルを「f」変数として扱えます。

「write」メソッドで引数の文字列をファイルに書き出します。

■コードの記述

前節に続けて「favorite.py」ファイルに、サンプルファイルの「favorite」→「favorite2.py」のようにコードを追記します。

「favoite2.pyui」は「favorite1.pyui」とまったく同じ内容です。

配列は「[]」などで宣言し、「append」メソッドで配列の後ろに要素を追加できます。

　文字列の配列が、たとえば「orange」「apple」「strawberry」とあった場合、「\n」で「join」すると「orange\napple\nstrawberry」という文字列に連結できます。

　「favorite2.py」を実行して、テキストフィールドの文字を「OK」するとテーブルビューの全項目を「data.txt」ファイルに書き出します（図13-4）。

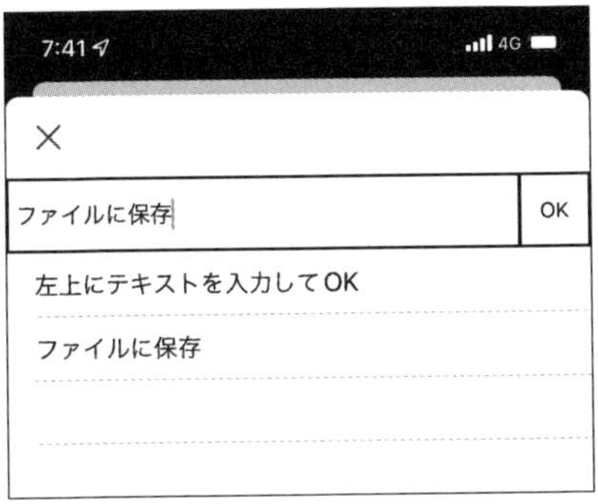

図13-4　「data.txt」にリストの文字列を保存

リスト13-5　favorite2.py

```python
import ui

PATH = 'data.txt' #①
data = [] #②

def onAdd(sender):
  tf = sender.superview['textfield1']
  tv.data_source.items.append(tf.text)
  data.append(tf.text) #③
  s = '¥n'.join(data) #④
  with open(PATH,mode='w',encoding='utf-8') as f: #⑤
    f.write(s) #⑥

v = ui.load_view()
tv = v['tableview1']
v.present('sheet')
```

【コードの解説】

①保存するファイル名。
②「data」変数に空の配列を代入。
③「data」配列の後ろにテキストフィールドの文字を追加。
④「data」変数を「¥n」で区切った文字列を「s」変数に代入。
⑤「data.txt」ファイルを保存のためにオープン。
⑥「data.txt」ファイルに文字列「s」変数を書き出し。

13-3 データの「読み込み」

この節では、外部ファイルからデータを読み込む方法を解説します。

■データファイルの読み込み

スクリプトの開始時にデータファイルを読み込む「loadData」関数を呼び出します。

「open」関数で「PATH」ファイルを「utf-8」エンコードの「f」変数として開きます。

「with open」で、ファイル処理が終わったら「close」せず自動でファイルが閉じます。

*

「data = [s.strip() for s in f.readlines()]」の「f.readlines」メソッドで、ファイルの内容をすべて読み出します。
それを「for」文の「in」で各要素をループして取り出します。

*

「s.strip」メソッドで文字列の両端になる空白文字を削除したり、引数を指定したら、その文字列を削除します。

■コードの記述

前節に続けて、「favorite.py」ファイルに、サンプルファイルの「favorite」→「favorite3.py」のように次のコードを追記します。
「favoite3.pyui」は「favorite1.pyui」とまったく同じ内容です。

「try」で例外処理を検出し、例外が起きれば「except」で処理し、例外が起こらなければ「finally」を実行します。

この節の場合、「PATH」ファイルの読み込みで例外が起きるか検出し、例外が起きなければテーブルビューの項目に読み込んだデータを追加します。

「favorite3.py」を実行すると、**図13-5**のように起動時にデータを読み込んでテーブルビューに表示します。

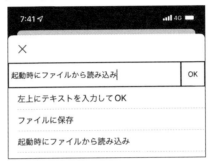

図13-5　スクリプトを起動するとデータを読み込み

リスト13-6　favorite3.py

```python
import ui

PATH = 'data.txt'
data = []

def loadData(): #①
  global data #②
  try: #③
    with open(PATH,encoding='utf-8') as f: #④
      data = [s.strip() for s in f.readlines()] #⑤
  except OSError as e: print(e) #⑥
  finally: #⑦
    for s in data: #⑧
      tv.data_source.items.append(s) #⑨

def onAdd(sender):
  tf = sender.superview['textfield1']
```

```
    tv.data_source.items.append(tf.text)
    data.append(tf.text)
    s = '\n'.join(data)
    with open(PATH,mode='w',encoding='utf-8') as f:
      f.write(s)

v = ui.load_view()
tv = v['tableview1']
loadData() #⑩
v.present('sheet')
```

【コードの解説】

①データを読み込む関数。

②「data」変数を「loadData」関数内でも代入もできるように。

③例外処理の検出。

④「PATH」定数のファイルをオープン。

⑤1行ずつ文字列を「data」リストに代入。

⑥例外が起こったらコンソールにエラー内容を表示。

⑦例外が起こらなかった場合。

⑧「data」の各要素を「for」ループ。

⑨テーブルビューの項目に「data」の各要素を追加。

⑩「loadData」関数(①)を呼び出す。

*

　この章では、「テーブルビュー」のリスト項目に、読み書きした文字列を表示するというサンプルについて解説しました。

　データはファイルに読み書きしていますが、「SQLite3」(データベースの一種)を使うという手もあります。

![第14章]

色当てゲーム

この章では、出題された背景色と同じ色を当てる「色当てゲーム」について解説します。

14-1 | 「色当てゲーム」のUI

まずは、色当てゲームのUIをデザインを作ります。

■ユーザーインターフェイス

「Script with UI」メニューで「color」などのファイル名を付けてUIスクリプトを新規作成し、サンプルファイルの「color」→「color1.pyui」ファイルのようにUIをデザインします。

「Slider(スライダー)」UIを3つ、「Label(ラベル)」UIを3つ、「Button(ボタン)」UIを1つ追加します。

スライダーで「赤緑青」(RGB、Red・Green・Blue)の色を指定して、「Untitled」を「color」に変更します(図14-1)。

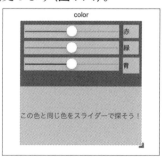

図14-1 色当てゲームUIの完成図

右上の丸で囲まれた「i」ボタンで「Inspector」を設定します。
「Square」をタッチすると画面サイズの「Size」が「320,320」にセットされます。

リスト14-1 「Inspector」の設定

```
Size      320,320
Square    (正方形)
Portrait  (肖像画の縦長サイズ)
Landscape(風景画の横長サイズ)

Custom View Class        (なし)

Background Color グレー
Tint Color        ブルー
```

「Auto-Resizing / Flex」は自動でリサイズするので、画面サイズに合わせてUIが拡大縮小します(図14-2)。

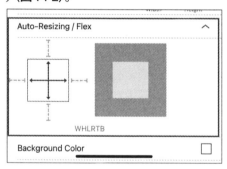

図14-2 UIのリサイズ

この節で作るUIは、次のように追加します。
「7-1」を参考に設定してください。

*

「Slider」UIの「Value」は"0〜1"のスライダーの値で、"0.5"はちょうど真ん中です。
「Continuous」は「On」の場合「Slider」を動かしている間中「Action」を呼び出し、「Off」の場合「Slider」を離した時に「Action」が呼ばれます。

リスト14-2 「Slider」追加①

```
Name      sliderR
Position 10,10
Size      250,34
Auto-Resizing / Flex    図14-02
Background Colorホワイト
Tint Color        レッド
Border 0,0
Border Color      ホワイト
Alpha     1

Value     0.5
Action    onColor
Continuous        On
```

リスト14-3 「Slider」追加②

```
Name      sliderG
Position 10,52
Size      250,34
Auto-Resizing / Flex    図14-02
Background Colorホワイト
Tint Color            グリーン
Border 0,0
Border Color      ホワイト
Alpha     1

Value     0.5
Action    onColor
Continuous        On
```

リスト14-4 「Slider」追加③

```
Name      sliderB
Position 10,94
Size      250,34
Auto-Resizing / Flex    図14-02
Background Colorホワイト
Tint Color        ブルー
Border 0,0
Border Color      ホワイト
```

```
Alpha      1

Value      0.5
Action     onColor
Continuous      On
```

リスト14-5 「Label」追加

```
Name       labelR
Position 271,10
Size       41,34
Auto-Resizing / Flex    図14-02
Background Colorホワイト
Tint Color        ホワイト
Border 0,0
Border Color      ホワイト
Alpha      1

Text       赤
Font
Number of Lines 0
Alignment左寄せ
```

リスト14-6 「Label」追加①

```
Name       labelG
Position 271,52
Size       41,34
Auto-Resizing / Flex    図14-02
Background Colorホワイト
Tint Color        ホワイト
Border 0,0
Border Color      ホワイト
Alpha      1

Text       緑
Font       <System> 18
Number of Lines 0
Alignment左寄せ
```

リスト14-7 「Label」追加②

```
Name       labelB
Position 271,94
Size       41,34
Auto-Resizing / Flex    図14-02
Background Colorホワイト
Tint Color        ホワイト
Border 0,0
Border Color      ホワイト
Alpha      1

Text       青
Font       <System> 18
Number of Lines 0
Alignment左寄せ
```

リスト14-8 「Button」追加

```
Name       buttonColor
Position 0,169
Size       320,151
Auto-Resizing / Flex    図14-02
Background Colorホワイト
Tint Color        ホワイト
Border 0,0
Border Color      ホワイト
Alpha      1

Title      この色と同じ色をスライダーで探そう！
Font Size19
Bold       Off
Image      （なし）
Action     onNew
```

■コードの記述

「color.py」ファイルに、サンプルファイルの「color」→「color1.py」のようにコードを入力します。

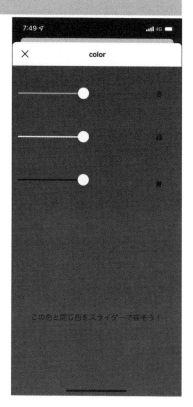

＊

スクリプトを実行すると、出題の「onNew」関数が呼ばれますが、処理はしません。

3つのスライダーのいずれかが移動すると「onColor」関数が呼ばれますが、こちらもまだ何も処理しません。

＊

「color1.py」を実行すると、スライダーとラベルとボタンが表示されます(図14-3)。

図14-3　スライダーとラベルとボタン

リスト14-9　color1.py

```python
import ui #①

a = (1,1,1) #②

def onColor(sender): #③
  pass #④

def onNew(sender): #⑤
  global a #⑥

v = ui.load_view() #⑦
onNew(None) #⑧
v.present('sheet') #⑨
```

【コードの解説】

①「ui」モジュールのインポート。

②答えの色(R,G,B)タプル。

③スライダーが移動したら呼ばれる「onColor」関数。

④何もせずに次に進む。

⑤新しい問題の色をセットする「onNew」関数。

⑥「a」変数を「onNew」関数内で代入もできるように。

⑦「color1.pyui」のUIを取得。

⑧出題の「onNew」関数を呼び出す。

⑨「color1.pyui」を画面中央に表示。

14-2 「ボタン」の背景色

「random」モジュールで、ボタンを押すたびにボタンの背景色がランダムに変化する仕組みについて解説します。

■ボタンの背景色をランダムにセット

「random」モジュールの「random」関数で"0〜1"未満の乱数を各「赤」「緑」「青」にセットします。

*

答の「a」タプルは「赤」「緑」「青」がそれぞれ5の倍数で"0〜255"未満の整数にセットして、問題の背景色は「a」タプルの「赤」「緑」「青」を背景色の「background_color」に合わせて"0〜1"の小数値に変換します。

■コードの記述

前節に続けて「color.py」ファイルに、サンプルファイルの「color」→「color2.py」のようにコードを追記します。

「color2.pyui」は「color1.pyui」とまったく同じ内容です。

「この色と同じ色をスライダーで探そう！」ボタンを押すたびに問題の背景色のRGBを再セットします。

答の背景色のRGBがそれぞれ256段階だと問題が難しくなりすぎるので、RGBをそれぞれ「5の倍数だけ」にしました。

「color2.py」を実行すると、次の図のように画面下のボタンを押すと、その

ボタンの背景色が変化します。

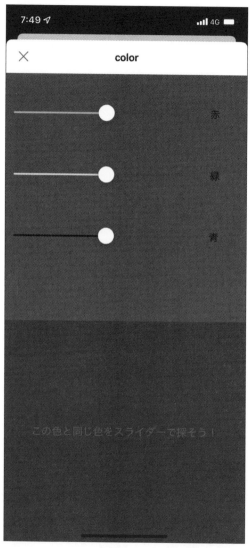

図14-4　ボタンを押すたびにボタンの背景色が変わる

リスト14-10　color2.py

```python
import ui
from random import * #①

a = (1,1,1)

def onColor(sender):
  pass

def onNew(sender):
  global a
  f=(random(),random(),random()) #②
  a=(int(f[0]*51)*5,int(f[1]*51)*5,int(f[2]*51)*5) #③
  c=(a[0]/255,a[1]/255,a[2]/255) #④
  v['buttonColor'].background_color = c #⑤

v = ui.load_view()
onNew(None)
v.present('sheet')
```

【コードの解説】

①乱数の「random」モジュールのインポート。

②3つの乱数(R,G,B)タプルを「f」変数に代入。

③(R,G,B)をそれぞれ5の倍数の整数値に変換し「a」タプルに代入。

④(R,G,B)を255で除算して0～1未満の小数値に変換して「c」タプルに代入。

⑤ボタンの背景色に「c」タプルを代入。

14-3 「スライダー」で背景色

「赤緑青」のスライダーで背景色をセットして、正解なら音が鳴るようにします。

■スライダーUI

RGBの各スライダーが移動した時、スライダーの値を51倍して整数値に切り捨て、さらに5倍すれば「0〜255」の「整数値(r,g,b)タプル」になります。

そのタプルと答のタプルが一致するかif文で調べて、一致すれば正解音を鳴らします。

*

丸で囲まれた「+」をタッチし、「Sounds」タブでサウンドの内蔵アセット「Ding_3」を追加します(図14-5)。

「play_effect」関数で鳴らす「game:」で始まるアセット名はゲームサウンドの内蔵アセットを表わします。

図14-5 サウンドの内蔵アセット

リスト14-11　color3.py

```
import ui
from sound import * #①
from random import *

a = (0.0,0)

def onColor(sender):
  r = int(v['sliderR'].value*51)*5 #②
  g = int(v['sliderG'].value*51)*5 #③
  b = int(v['sliderB'].value*51)*5 #④
  current = (r,g,b) #⑤
  v["labelR"].text = str(r) #⑥
  v["labelG"].text = str(g) #⑦
  v["labelB"].text = str(b) #⑧
  v.background_color = (r/255,g/255,b/255) #⑨
  if a == current: play_effect('game:Ding_3') #⑩

def onNew(sender):
  global a
  f=(random(),random(),random())
  a=(int(f[0]*51)*5,int(f[1]*51)*5,int(f[2]*51)*5)
  c=(a[0]/255,a[1]/255,a[2]/255)
  v['buttonColor'].background_color = c

v = ui.load_view()
onNew(None)
v.present('sheet')
```

【コードの解説】

①「sound」モジュールのインポート。

②赤のスライダーで0〜1の値を取得し、0〜255の範囲で5の倍数の整数値に変換し「r」変数に代入。

③緑のスライダーで0〜1の値を取得し、0〜255の範囲で5の倍数の整数値に変換し「g」変数に代入。

④青のスライダーで0〜1の値を取得し、0〜255の範囲で5の倍数の整数値に変換し「b」変数に代入。

⑤スライダーの(r,g,b)タプルを「current」変数に代入。

⑥赤のラベルに「r」を文字列に変換してセット。

⑦緑のラベルに「g」を文字列に変換してセット。

⑧青のラベルに「b」を文字列に変換してセット。

⑨(r,g,b)をそれぞれ0〜1の小数値に変換して背景色をセット。

⑩もし答えの「a」タプルとスライダーの色「current」タプルが一致した場合、正解音を鳴らす。

*

　この章では、ボタンの背景色を「問題の色」にして、スライダーで解答した背景色と一致すれば「正解音」を鳴らすゲームを作りました。

Column　色の数

　現在パソコンで表示できる色の数は、「赤緑青」がそれぞれ「8bit」(256個)の「計24bit」で表わします。

　「赤緑青」の組み合わせは「256×256×256＝16,777,216」、つまり「約1677万色」です。

　また、色は「32bit」で表わすこともあります。

　その場合、「赤緑青」の「24bit」に加えて、「不透明度」の「8bit」が合わさります。

　「不透明度」でブレンドして合成した色もありますが、色の数自体は「約1677万色」です。

索 引

アルファベット

■著者略歴

大西　武（おおにし・たけし）

1975年香川県生まれ。大阪大学経済学部経営学科中退。
（株）カーコンサルタント大西で役員を務める。

アイデアを考えたり、20言語以上のプログラミングをしたり、3DCGなど
の絵を描いたり、ギターなどで演奏作詞作曲したり、デザインしたり、文
章を書いたりするクリエイター。

［Twitterアカウント］

@Roxiga

［主な著書］

・Python & AIによるExcel自動化入門（工学社）
・Pythonではじめる3Dツール開発（シーアンドアール研究所）　など

［主な受賞歴］

・NTTドコモ「MEDIAS Wアプリ開発コンテスト」グランプリ
・Microsoft「Windows Vistaソフトウェアコンテスト」大賞　など

［主なTV放送］

・NHK BS「デジタルスタジアム」
・フジテレビ「脳テレ～あたまの取扱説明書（トリセツ）～」　など

本書の内容に関するご質問は、
① 返信用の切手を同封した手紙
② 往復はがき
③ FAX (03) 5269-6031
　（返信先のFAX番号を明記してください）
④ E-mail　editors@kohgakusha.co.jp
のいずれかで、工学社編集部あてにお願いします。
なお、電話によるお問い合わせはご遠慮ください。

サポートページは下記にあります。

［工学社サイト］
http://www.kohgakusha.co.jp/

I/O BOOKS

Pythonista3入門

2022年8月30日　初版発行　ⓒ2022

※定価はカバーに表示してあります。

著　者　　大西　武
発行人　　星　正明
発行所　　株式会社工学社
〒160-0004 東京都新宿区四谷 4-28-20 2F
電話　　　(03) 5269-2041 (代)［営業］
　　　　　(03) 5269-6041 (代)［編集］
振替口座　00150-6-22510

印刷：(株)エーヴィスシステムズ

ISBN978-4-7775-2210-1